中国历代帝王传记

丛书主编◎邹屿晨

唐太宗李世民传

冯景瀚◎编著

河北人民出版社

石家庄

图书在版编目（CIP）数据

唐太宗李世民传 / 冯景瀚编著 . -- 2 版 . -- 石家庄：河北人民出版社，2018.8（2023.8 重印）
（中国历代帝王传记 / 邹屿晨主编）
ISBN 978-7-202-13017-9

Ⅰ . ①唐… Ⅱ . ①冯… Ⅲ . ①传记文学－中国－当代
Ⅳ . ① I25

中国版本图书馆 CIP 数据核字（2018）第 064338 号

书　　名	中国历代帝王传记——唐太宗李世民传	
	ZHONGGUOLIDAIDIWANGZHUANJI TANGTAIZONGLISHIMINZHUAN	
丛书主编	邹屿晨	
编　　著	冯景瀚	
责任编辑	马　丽	
美术编辑	李　欣	
封面设计	格林文化	
出版发行	河北人民出版社（石家庄市友谊北大街 330 号）	
印　　刷	成业恒信印刷河北有限公司	
开　　本	710 毫米 ×1000 毫米　1/16	
印　　张	16.5	
字　　数	186 000	
版　　次	2018 年 8 月第 2 版　2023 年 8 月第 3 次印刷	
印　　数	10 001–15 000	
书　　号	ISBN 978-7-202-13017-9	
定　　价	35.00 元	

目录

天朝史鉴

在五千多年的人类文明历史长河中，中华文明是一个伟大的奇迹。

从公元前221年开始，中国就以一个统一的多民族集权帝制国家屹立在世界的东方。在之后漫长的两千多年里，中国一直是当时世界上最发达的国家之一，并有着几段辉煌时期，包括汉朝、隋唐、元朝和早清时期，在公元13世纪达到顶峰，成为当时世界上最繁荣的文化及贸易中心。以指南针、造纸术、印刷术及火药为代表的众多中国古代发明对世界的历史与科技发展有着重要的贡献，同时中国在漫长的发展过程中还拥有发达的农业及手工业。

"普天之下，莫非王土；率土之滨，莫非王臣"，中华帝国长期的优势形成了巨大的文化优越感：根据中国封建社会的传统观念，中国是"天朝上国"，是世界文明的中心，中国皇帝就是"天下共主"。翻开世界历史，这个观点在16世纪以前，的的确确是一个事实。

拿破仑曾经对英国外交家阿美士德说过："中国是一头沉睡的狮子，一旦被惊醒，世界将为之震动。"拿破仑一生纵横欧洲，数次把多国联军踩在脚下，如此叱咤风云的人物为什么会对当时的中国有这样的论断，他的根据从何而来？

翻开世界近代史，我们会发现，在拿破仑所处的时代，曾经拥有优秀远古文明的区域大多四分五裂，各自为政，欧洲如此，非洲也如此；

而拥有广袤土地的大国又大多没有久远的文明，俄罗斯如此，美国亦然；真正能将久远的文明和辽阔的疆域结合在一起的，仍然只有中国。拿破仑一直试图统一欧洲，因为他深知：只有将文明的力量与辽阔的疆域结合起来，才能造就伟大的帝国。

纵观世界五千年的历史，我们可以得出这样的结论：中国的文明能够这样伟大，中国的力量能够这样让人不敢轻视，一直以一个大一统的国家形式存在是至关重要的决定性因素。

作为一个多民族集权帝制国家，所有的权力集中在皇帝一个人身上。时势造英雄，英雄造时势，雄才伟略的皇帝完全有可能改变历史的进程。在中华帝国的历史上有四百多个帝王，其中十三位杰出的帝王以其丰功伟绩而彪炳史册，在中华帝国史上，甚至世界史上打下了深刻的烙印。

封建社会时期的中国，一直都以一个大帝国的姿态屹立在世界东方，各民族用各自的历史共同谱写出一部中华风云史。秦汉时期，中华帝国把匈奴赶到西方，引发了欧洲的一系列大动荡；唐朝时期，中华帝国又把突厥赶到西北，又引发了中亚和东欧的动荡。至于秦、汉、晋、隋、唐、宋、元、明、清这一系列的朝代更替，以及各个朝代中的叛乱分裂或者起义，都只不过是这个延续两千多年的帝国的内乱而已。

现在我们回顾这段伟大的中华帝国史，秦始皇，无疑是这个大帝国的最初缔造者，也就是开国皇帝。正是由于他的雄才伟略，才奠定了整个中华民族大一统的所有基础。

在中华帝国的历史上，公元前221年是真实意义上的帝国元年。"千古一帝"秦始皇一统天下，废分封，设郡县，同文、同律、同衡、同轨，修驿道，筑长城，大一统的中华帝国有了一颗"统一的心"。从此，中国人以高度的政治智慧与独特的文化内涵，把"大一统思想"作为整个社会和个人的至高理想永恒地留在了所有中国人的血液中。秦始皇也当之无愧成为中华帝国的始皇帝。

中国封建帝王"皇帝"的称谓由秦始皇开始，他叫"秦始皇"，就是希望大秦帝国会有接下来的二世、三世，直至千万世，如此永远继承下去。这一点，虽然秦始皇的子孙没有做到，但从另一个意义上讲，中华帝国后来所有坐拥江山的皇帝何尝不是秦始皇的继承者？

史家有个说法叫"汉承秦制"，意思就是刘邦建立汉朝之后，继承和发展了秦朝的大一统制度，从这个意义上来说，刘邦才是秦始皇的第一个继承者。秦末天下大乱，项羽首先在争夺天下的霸业中胜出，但遗憾的是项羽根本没有建立中央政权的意识，而是把诸侯全部分封到各自的领地为王，他的做法实际上是让中国再次回到战国时代的大分裂中去，这无疑相当于一种历史的倒退，所以最后他败给刘邦也就不足为奇了。从这个角度来说，与其说是刘邦战胜了项羽，不如说是统一战胜了分裂。

楚汉争霸同时也开创了帝国的另外一个游戏规则，皇帝轮流做，英雄不问出处。这个规则的结果就是"成王败寇"，完美地解决了帝国内部改朝换代的"正统性"问题，在一定程度上保证了最有能力的人成为开国皇帝，带领帝国一次又一次走向辉煌。

汉武帝即位之后，罢黜百家独尊儒术，又为日后中国两千余年的统一打下了坚实的思想基础，儒家思想中的"三纲"和"五常"都有力地促进了"大一统思想"在百姓心中扎根。"英雄风流不尽数，刀马所至皆汉土。"汉武帝北击匈奴，南平两越，西通西域，奠定了现代中国辽阔疆域的初步基础，他又大力提倡中西交流，数次派人出使西域，促进了民族融合，中华帝国也开始有了广泛的世界影响，汉文化圈开始形成。

"天下大势，合久必分，分久必合。"东汉末年，中国大一统的格局第一次长时间分裂。也正是这次分裂，唤醒了中华民族强烈的统一意识。

曹操年轻时，曾得当时名士许劭"治世之能臣，乱世之奸雄"的评价，而他也的确没有辜负这一番品评，一身功业让后人又叹息又嫉妒。曹操统一北方之后，权势已经到了人臣之极，但他却没有称帝，究其原因，正是深受维护正统的观念影响。随后他又立即率领大军南征，尽管最后功败垂成，但是他在北方实行的诸多政策都为日后的晋朝奠定了深厚的基础。西晋武帝再次统一中国，最大的功劳当属曹操，这也是曹操被认为是晋祖的原因所在。在维护统一这一点上，曹操不愧为历史上最伟大的政治家之一。

三国时期是一个英雄辈出的时代，刘备以其独特的人格魅力成为中国历史上最有人缘的平民皇帝。刘备本人即是汉朝宗室，又仁慈爱民，所以在东汉之末的乱世中是人心所向的。他也正是凭借着这两个条件，从一个一无所有的卖草席之人变成蜀汉的开国君主，他的一生也都在为了再次统一天下兴复汉朝而努力，由于时代所限，他也没有成功，但他建立的蜀汉却在开发西南、促进民族融合方面做出了很大贡献。刘备能够三分天下得其一，在很大程度上是沾了"正统"的光，而"正统"的本质就是统一。

历史进入唐朝，在中华帝国建立九百多年之后，唐太宗李世民将这个古老的大帝国推向了辉煌的巅峰。中国历代皇帝中，唐太宗是极少数上马善打天下、下马能治天下的英主。他在位期间，居安思危，任用贤良，虚怀纳谏，实行轻徭薄赋、舒缓刑罚的政策，并且进行了一系列政治、军事改革，最终出现了社会安定、生产发展的升平景象，对周边少数民族，他实行开明政策，安抚首领，鼓励民间交流，被尊为"天可汗"。

千百年来，李世民开创的"贞观之治"一直是人们倍加推崇的封建社会治世榜样，他本人也成为后世帝王竞相效仿的一代明君。在他的治理之下，中国对世界的影响也达到了前所未有的高度。

和李世民的出类拔萃相比，武则天可谓丝毫不逊色。她以女儿之身，在封建社会男尊女卑的大环境下可以坐上皇位，让天下所有男人俯首称臣，本身就绝非常人能及。但她的即位，又不仅仅是一个女人的胜利，她开创的"武周革命"局面是中华帝国在唐朝时期的一个重要过渡。政治上，她上承"贞观之治"，注重富国安民，她的夺权过程虽然残酷，但百姓生活却不但没有受到什么影响，反而更加富足，这就为后面的"开元盛世"奠定了坚实的基础。

在中华帝国这个大舞台上，宋太祖赵匡胤的出彩之处更多地集中在制度的完善上。宋朝之前的大一统政权，无论是汉朝还是唐朝，都在后期饱受地方势力作乱的困扰，原因就是地方势力拥有军队，可以很轻易地对中央政府产生威胁。宋太祖登上皇位之后，第一个动作就是使用怀柔手段削去大将的兵权，使军队全部掌握在皇帝手中，杜绝地方势力叛乱的可能性。同时，宋太祖还是个重视文化的皇帝，宋朝的经济繁荣和文化昌明也为历朝所罕见。

　　经历了南宋与辽、金、西夏并立的分裂局面之后，以成吉思汗为首的蒙古人再次统一了中华帝国，这不但是中国少数民族第一次统一全国，也使中国的少数民族再一次震惊全世界。成吉思汗天生就是一个战争之王，他的一生从头到尾都在战争中度过，中原、漠北、西域、中亚都留下了他征服的足迹。成吉思汗在位时表现出了强大的征服性，所以，成吉思汗理所当然地也成为对世界影响深远的中国皇帝之一。

　　明朝时期的中国，仍旧是大一统的局面。朱元璋统一中国之后，撤销丞相一职，又大开杀戒，几乎将开国功臣赶尽杀绝，此外又开设锦衣卫，监视大臣以及百姓言行，封建皇权在他的手中发展到了一个新的巅峰。在朱元璋的一系列举措之下，中华帝国几乎发展成了他的家天下，无论中央还是地方，再也没有能与皇帝权势相对抗的大臣，这不能归咎于朱元璋一个人，应该说是制度的弊端，已经实行了一千五百余年的大一统式封建专制逐渐走到了尽头。明朝在重修长城一事上最下功夫，这也说明明朝的抵御外族能力最低，在朱元璋的影响之下，明朝后来的皇帝都只专心内斗，不思进取，明朝的世界影响力也随之下降，中华帝国的疆域也降到一个低谷。

　　清朝由女真族建立，这也是少数民族第二次统一中国，而大清王朝中最雄才大略的皇帝当属康熙帝。康熙是中华帝国历史上最后一个文治武功都很出色的皇帝。康熙采取了一系列有利于国计民生的政策，使耕地面积迅速扩大，粮食产量有所提高，经济作物也被广泛种植，最终促进了农业经济的发展，奠定了"康乾盛世"的基础。康熙又平定了准噶尔叛乱，将西藏、新疆和台湾牢牢纳入中国版图，又和沙俄签订《尼布楚条约》，有效抵抗了沙俄对东北地区的侵略。康熙时期是中华帝国的又一个顶峰，但是由于故步自封、闭关锁国，中国已经跟不上世界发展的脚步，近两千年的大帝国在最后的回光返照中走向没落。

中国的封建专制制度发展到雍正时期，君主集权达到最高峰。雍正的即位过程可谓将中国古代的太子夺权斗争发挥得淋漓尽致，他即位之后，规定以后的皇帝必须把继承人的名字写成诏书封存，这就从根本上解决了皇室继承人纷争的问题。雍正又设军机处，作为皇帝的秘书班子，为皇帝出主意、写文件、理政务，"军国大计，罔不总揽"。雍正对经济发展的贡献也不能忽视，正是由于他在中间的拨乱反正，使得康熙的一些有效政策得以延续，也使得康熙开创出的盛世局面得以延续。

雍正之子乾隆是"康乾盛世"的收官者。乾隆在位六十年，前期，他政治颇为清明，在康熙、雍正两朝的基础上，将"康乾盛世"局面推向了顶峰。到了执政后期，乾隆将清政府积累下来的上百年家底挥霍一空，对外又实行闭关锁国的政策，进一步耽误了中国与世界的同步发展，时有英国人形容清朝为"一艘破烂不堪的头等战舰"，从这种意义上讲，乾隆也是整个中华帝国的收官者。

…………

英国女王伊丽莎白直言不讳地说：西方之所以长久以来对中国心存疑虑，就是因为中国一直是一个统一的大国。

"统一"就是打开中华文明唯一的钥匙。从公元前221年秦始皇统一中国后，无论是后世的哪一个封建君主，争取统一或者维护统一都是他没法抵挡的诱惑，也是他无法摆脱的宿命。一国不容二主的观念在这块土地上是如此深入人心，真正成了中国人的民族基因，也是中华文明历久而弥新、中华民族能够傲立世界的真正原因。

何君　于北京

2015年3月

前　言

　　唐太宗李世民是唐朝的第二个皇帝，也是继"秦皇汉武"之后，中华帝国史上又一个堪称"千古一帝"的卓越君王。

　　在中华帝国建立九百多年之后，历史进入唐朝，唐太宗李世民将这个古老的大帝国推向了辉煌的巅峰。中国历代皇帝中，唐太宗是极少数上马善打天下、下马能治天下的英主。他在位期间，居安思危，任用贤良，虚怀纳谏，实行轻徭薄赋、舒缓刑罚的政策，并且进行了一系列政治、军事改革，促成了社会安定、生产发展的升平景象，对周边少数民族，他实行开明政策，安抚首领，鼓励民间交流，被尊为"像天一样伟大的领袖"，被百姓敬若神明。

　　李世民是唐高祖李渊的次子，李渊给他取名世民，是希望他将来能济世安民。公元617年，李渊在晋阳起兵以后，李世民东征西讨，为大唐的建立立下了赫赫战功。

　　武德九年六月初四（公元626年7月2日），李世民率秦府幕僚长孙无忌、尉迟敬德等人发动"玄武门之变"，击毙太子李建成和齐王李元吉。两天以后，唐高祖李渊下诏将李世民立为太子。同年八月（公元626年9月），李世民登上帝位，是为唐太宗。第二年年初，唐太宗改元贞观。贞观二十三年五月二十六日（公元649年7月10日），李世民病死在翠微宫含风殿。同年八月，葬于昭陵。

　　李世民能征善战，就是治理国家的雄才大略，历代帝王也鲜有能与之相比者。他即位以后，恢复均田制，推行府兵制，保证了国家赋税的收入，为唐朝前期的富强提供了物质基础。他还注意减轻赋税和徭役，大力提倡节俭，反对大兴土木。由于本身就有少数民族血统，李世民对待边疆少数民族也采取了非常开明的态度，无论汉人夷人，均"爱之如一"，这又极大地促进了民族大融合。唐太宗在位时期，中华帝国发展成为当时世界上最富强昌盛的国家，历史上把这一时期称为"贞观之治"。

后人对李世民更是诸多赞颂。宋人朱熹称："太宗之心，则吾恐其无一不出于人欲也。直以其能假仁假义，以行其私。而当时与之争者，才能知术既出其下，又不知有仁义之可饬。是以彼善于此，而得以成其功尔。"

连最仇恨皇帝的当代史家柏杨也说："第二个黄金时代的创造者李世民大帝，是中国有史以来所有帝王中，第一个被人民真心称颂崇拜的人物，固由于他的勋业，也由于他本身具有其他帝王身上难以发现的美德，他治理国家的一言一行，成为以后所有帝王的规范。"

自古打天下难，守天下更难，兼而能之者寥寥。李世民在位不过二十三年，却建立了让后世帝王难以企及的丰功伟绩，他一手将中华帝国推向了辉煌的巅峰。

对后世的中国人来说，唐太宗是一个将文治武功理想地结合起来的盛世创造者：国家由一个精力充沛但聪明而谨慎的皇帝治理，他牢固地掌握着他的帝国，同时又一贯谦虚、耐心地听取群臣（这些大臣本人也都是卓越的人物）的意见。唐太宗的施政作风之所以被人推崇，不仅由于他的成就，而且由于他纳谏爱民为治国之本的理想，另外还由于他促进了君民之间水乳交融的关系。

千百年来，李世民开创的"贞观之治"一直是人们倍加推崇的封建社会治世的榜样，他本人也成为后世帝王竞相效仿的一代明君。唐朝在他的治理之下，中华帝国在世界上的影响也达到了一个前所未有的高度。

冯景瀚

2005年8月8日

第一章

秦王扫六合

第一节　少年英雄

"秦王扫六合，虎视何雄哉！"这是唐代大诗人李白赞颂秦王的千古名句。诗中的秦王是一个史诗般的英雄：他气宇轩昂、壮志凌云；他文治武功、丰功伟绩；他英明神武，统一中华……

众所周知：统一六国，建立大秦帝国的嬴政，在称始皇帝前就称秦王。大约一千年后，中国历史上又出了一个秦王，他就是中国历史上最伟大的王朝——大唐帝国的唐太宗李世民。

上马打天下，下马治天下。秦王李世民从小驰骋疆场，身经百战，亲冒矢石，出生入死，平定天下。他在战场上多次死里逃生，再一次使中华大地海晏河清，昭陵六骏可作见证；玄武门兵变后，唐太宗励精图治，又以封建盛世"贞观之治"而名垂青史。

唐人写诗，歌颂秦始皇，未尝不可，然就其描写的形象来看，更像他们本朝的英主秦王李世民。唐太宗李世民曾兵驻秦地，被封为秦王。

李世民16岁应征入伍，因救隋炀帝于雁门而崭露头角；建国之时，起兵晋阳，直捣河西，鏖战堂邑，军围河东，攻克长安，饮马渭水，为建立唐王朝立下了赫赫战功；在统一战争中，讨薛举、薛仁杲于陇右，败刘武周于太原，擒王世充于洛阳，平窦建德于河北，逐刘黑闼于山东；在对外战争中，突厥可汗因其智而退，诸番四夷因其仁而服。

"秦王扫六合，虎视何雄哉！"，这是秦王李世民平定天下的写照；"秦王骑虎游八极，剑光照空天自碧"，这是秦王李世民的威武形象。我们可以认为，唐人诗中的秦王就是唐太宗李世民。

李世民是一个奇才。隋炀帝大业十一年（公元615年），18岁的李世民这颗中国历史上灿烂的明星初露峥嵘。

隋炀帝四处巡幸到了雁门（今山西），突厥始毕可汗率领数十万大军袭击隋炀帝的车驾。突厥大军将其团团围住，雁门军队无法抵挡。形势危急，炀帝下诏天下各郡招募士兵前来救驾。

谁能一解雁门之围呢？18岁的李世民出谋划策，用疑兵之计，在诸路人马的配合下，使始毕可汗撤军北去。这段历史被小说家们演绎为精彩的故事，蔡东藩《唐史演义》这样写道：

"冤冤相凑，来了一大队突厥兵，头目叫作始毕可汗，欲拦途掩击，劫夺乘舆。炀帝闻报，忙驰回雁门，据关自守。始毕可汗竟调集番兵数十万，把雁门关围住，日夕攻打，弄得炀帝惶急万分，传檄天下，遍令勤王。

"屯卫将军云定兴应诏募兵，可巧有一将门种子，济世英雄，竟到定兴军营，报名入伍。看官道是何人？便是抚慰大使李渊的次子李世民。世民才阅十余龄，已将古今兵法，揣摩纯熟，复生一副胆力，到处交游，轻财仗义，端的是天纵英姿，不同凡品。至炀帝被围雁门时，他已18岁了。

"云定兴见了世民，问过履历，已知是名家子弟，更因他相貌魁奇，格外加敬。

"世民即献计道：'始毕倾国前来，围攻天子，必谓我仓促不能赴援，因敢猖獗至此。为我军计，应大张军容，布设旌旗数十里，即使到了夜间，也必鸣金击鼓互相呼应。始毕闻我大举，必疑是援兵齐集，望风遁去了。'

"定兴点首道：'这是一条疑兵计，今日正用得着哩！'

"当下依计行事，逐队进行，果然始毕可汗随入计中，即解围自去。炀帝得安返东都。"

这段叙述与史书上的记载基本相符，而且描写得笔墨酣畅，栩栩如生。雁门解围，18岁的李世民横空出世，而且一出场就展现出卓越的指挥才能和威武的大将风度。面对突厥始毕可汗的凶暴和愚蠢，李世民知己知彼，精心谋划，采用虚虚实实的战术，不战而退去数十万大军。这可以说是初出茅庐第一功。

大业十一年（公元615年），李世民的父亲李渊出任山西和河东的抚慰大使。李渊的职责说白了就是组织两地的士兵，勤加操练，一旦地方上发生反叛就进行镇压，并且逮捕强盗。当时，李渊管辖下发生了毋端儿起义，李渊派兵平定。双方激战，李渊杀死义军数千人。李世民当时正好随父亲一同来到河东，也参加了这次战役。

隋炀帝见李渊把太原治理得很好，于是让他做太原留守。大概因为李世民有实战阅历，喜欢谈论行军打仗、排兵布阵，又喜欢好弓箭，李渊就把他带在身边，而把建成和元吉两人留在了河东，托付给河东县人曹任瓌照顾。

李世民跟随父亲来到太原之后，正好赶上魏刀儿的起义军骚扰太原。大业十一年的二月，魏刀儿在上谷起义，招募义军大约10万人，自封为历山飞，声势非常大，而且和突厥联合，向南进攻原燕、赵之地。

途经之地，所向披靡。到次年的四月，魏刀儿率众已经攻到了太原。

李世民随父亲李渊去征讨。大军行至西河郡永安县雀鼠谷的时候，刚好遇上了来攻打太原的起义军。李渊稳住阵脚，布下疑兵之计应敌。他把所有的兵将分成了两阵，把老弱残兵藏在阵的中间，把粮草车和其他一些车辆放在后面，也插上旗帜，并且拼命擂鼓，让敌人误以为是大队人马前来。李渊亲自率领精锐骑兵队冲上前去。

当时敌人约有两万人，而李渊率领的步兵加上骑兵总共才五六千人，双方兵力实在相差太大。一阵激战过后，李渊就被包围在里面，始终不能突破包围圈。李世民看到父亲被困在阵里，就单枪匹马冲进阵里，举箭便射，敌人一看李世民杀红了眼，不敢紧逼。李渊乘机且战且走。不久，后面的步兵赶到了，李渊和李世民一看大军已到，又抖起精神来大杀一阵。敌军受到前后夹击，纷纷溃败。

在这一仗中，李渊的部队斩敌数千，缴获马匹、粮食、武器各种物品数不胜数。李渊以少胜多，名声大振。战场上表现神勇的李世民也因此得到了李渊的信任，在逐鹿中原的战斗中，李渊在军事上甚为倚赖李世民。

第二节　首谋之功

20岁的李世民已经长成了一个身材魁梧的大汉。他不但成了一个军事指挥官，而且在政治上也越来越成熟。李世民看到隋王朝已经风雨飘摇，大有一夜之间倾覆之势，因此在内心深处已经立下大志，要救百姓于水火。后来，李世民回忆起当时的生活情况说："我在太原将近一年，在这段时间里，我喜欢和大家聚在一起，谈论一些事情，玩一玩游戏。"

当时，李世民结交了很多朋友，大多都是豪杰之士，有出身高贵的，也有流浪江湖的。例如，很有才华的长孙顺德，他是李世民的岳父长孙晟的族弟，为了躲避辽东的徭役，没有办法之下，躲在太原。李世民和他交情很深，彼此都很敬重。刘弘基非常穷困，四海为家，从来不整治家产，他流浪到了太原，和李世民一见如故，二人结成好朋友，感情十分好，"出则同骑，入则同卧"。还有一个人叫窦琮，也是由于无处安身，才流浪到了太原。他和李世民有点过节，所以对李世民不太相信。但是李世民对窦琮却是心无芥蒂，坦然地对待他，礼节十分周到，而且把他视为知己，就连自己的卧室也让他随便出入。窦琮非常感激李世民的这种知遇之恩，所以倾心相交，二人也成了好朋友。

李世民在太原的活动引起了一个人的注意，他就是担任晋阳令的刘文静。刘文静身材高大，仪表堂堂，有才干谋略，于隋末担任晋阳令后就注意观察天下大势，准备投靠有雄才伟略的"真命天子"。李渊到太原出任留守，刘文静通过一段时间的观察，认为李渊心怀"四方之志"，将来一定会有所作为，于是和李渊进行交往，逐渐建立了密切的关系。

刘文静在与李渊的交往中，又发现李世民虽然年仅20岁，但其见识和才能却非同龄人可比：他经过仔细观察，认为李世民必定能成就大事，因而对晋阳宫副监裴寂说："李世民非常人也。宽容大度类似于汉高祖，英明神武同于魏武帝（曹操），他年纪虽然轻，却有天纵之才。"

不久，刘文静因为与瓦岗寨农民起义军首领李密是儿女亲家，被隋炀帝以勾结乱党的罪名投入太原监狱。李世民深知刘文静是一位可以图谋大事的奇才，便私下到狱中去探望他。

刘文静因为身为囚徒，只有造反才是唯一出路，所以决心试探李世民，他说："眼看天下大乱，狼烟四起，生灵涂炭，何时才能天下太平？"

李世民说："要想天下太平，就必须能人出世，拯救天下百姓！"

刘文静说："如此乱世，到哪里去找汉高祖刘邦、光武帝刘秀那样的能人呢？"

李世民说："怎么能说没有汉高祖、光武帝呢？恐怕是没有人识才罢了！刘兄须知，千里马常有，而伯乐不常有。"

刘文静说："我自以为是个伯乐，你是一匹千里马，我来相相你，不知你是否情愿？"

两人志同道合，于是秘密商议起来。

李世民说："我今天来探视你，除了表达朋友之情以外，主要是有大事与你商议。不知刘兄有无妙计？"

刘文静说："现在隋炀帝在南方游山玩水，李密大军已经围住了洛阳。天下造反举义之人数以万计。如果真命天子抓住这个大好时机，夺取天下易如反掌。太原的百姓为了逃避战乱，纷纷逃进城里来了。我在晋阳当了几年县令，了解这里的情况，认识很多确有真才实学的人。把这些人组织起来，十万人马，数日可聚。你父亲唐国公所属兵马，少说也有几万，只要一声令下，谁不响应？可谓振臂一呼，应者云集。靠这支军队，乘此机会攻入关中，传檄天下，安抚人心，不出半年，帝业可成！"

李世民非常高兴，兴奋地说："刘兄高见，正合我意，失此良机，实为可惜。"

李世民、刘文静"心有灵犀一点通"，一拍即合。李世民得到刘文静的辅佐，有明君遇良臣的感觉，就像刘邦遇到了张良、刘备遇到了诸葛亮。

汉初，张良研读《太公兵法》10年，修身养性10年。可是他满腹经纶却无人理解，偶然间碰到了刘邦，他协助刘邦成其帝业，成为一代帝师；刘备东奔西走，无立足之地，兵不满千，将只有关、张、赵云等辈，三顾茅庐，诸葛亮出山相助，刘备惊呼自己如鱼得水，终于又创汉室帝业。只从才能的角度，刘文静恐怕不能跟张良、诸葛亮相比，但是，年轻的李世民从刘文静那儿再一次获得了信心。

通过这次狱中的倾心交谈，李世民与刘文静结为密友。在李渊称帝后，刘文静担任司马，地位仅次于裴寂。当裴寂在朝中成为太子李建成的强有力支柱时，刘文静则与萧瑀、陈叔达、宇文士及等共同支持李世民，使李世民在与太子李建成的夺权斗争中有了坚定的拥护者。

李世民与刘文静密谋以后，制定了周密的方案，首先要去游说李渊下决心。

夜深人静，唐国公李渊的衙门里，李世民正在劝说李渊："当今皇上荒淫无道，荼毒天下生灵，四海反声连天，百姓揭竿而起，又逢秦末汉初之际。天子无道，百姓穷困，晋阳城乡立即就会成为战场。父亲大人切莫只顾什么君臣之节，而忘记了天下百姓；如今盗贼蜂起，百姓流离失所，而皇上却滥杀无辜，全然不以国家为念。我们眼看就要大祸临头了，父亲大人，你看到底怎么办呢？"

李世民本想引诱李渊自己说出举大事的话，可李渊毕竟贵为国公，只求平安无事，所以明知李世民的意思，但是却装着不明白。

李渊说："你说该怎么办呢？"

李世民压低声音，进前而言说："当今之计，只有顺应天下形势，迎合百姓心意，发义兵，举义旗，转危为安，变祸为福，直捣关中，传檄天下，天下可以太平，帝业指日可成！天赐良机，绝不可失！"

李渊想不到自己的儿子居然如此直率，不觉大惊失色，多年顺臣的习惯，使得他勃然大怒。

李渊说："谁叫你如此说话？红口乳子，胆敢说此大逆不道的话？这可是诛戮九族的大罪！你给我快住口！不准外传，不准瞎说，否则，小心我砍下你的头来！还不快给我退下……"

李世民看到李渊色厉内荏，为了给父亲一个缓冲的台阶，主动退了出去。

次日下午，唐国公李渊卧内。李世民早把一切人都关在外面，进一步游说李渊。

李世民说："父亲大人，孩儿实在是不忍看到当今天下如此惨状，不忍看着我们全家任人宰割。盗贼日盛一日，到处哀鸿遍野。您受命讨伐盗贼，难道能够杀尽这些早已愤怒的百姓？即使上天相助，平定叛乱，在隋炀帝这样的昏君统治之下，难道你会得到一日安宁？即便皇上是贤君，古人早有'盖世之功不赏，弥天之罪不杀'之语，您能确保平安无事，荣华富贵吗？'飞鸟尽，良弓藏；狡兔死，走狗烹；敌国破，谋臣亡'。破楚大元帅韩信还定三秦，平定魏、代、赵、齐、楚等国，垓下一战逼死项羽，但是最终难免一死。为今之计，只有顺天意，兴义兵，方可化险为夷；否则大祸临门！"

李渊静静地坐着，双目微闭，不说"不"，也不说"要"。

李世民也不焦不躁，静听李渊下文。

良久，李渊长叹一声："昨天晚上，我一宿难眠，一直在思考你的话，的确有些道理。老子不管。要家破人亡，由你；要化家为国，也由你。可是切切不可鲁莽行事，等我看准了机会再和你理论！事以密成，谋以泄败。凡事都要等等再说。"

李世民听到李渊如此言语，不便再纠缠下去，只得退下再思妙计。

李渊与裴寂是要好的老朋友，两人常常在一起喝酒聊天，有时候竟能通宵达旦，他们到底在聊些什么呢？总之他们之间的关系非比寻常。刘文静想让裴寂劝说李渊起兵反隋，于是就给李世民引见裴寂。

李世民拿出自己的私房钱，让龙山令高斌廉与裴寂赌钱，然后渐渐把钱输给裴寂，裴寂赢了钱，非常高兴。从此以后，李世民和裴寂的关系越来越好，他们天天在一起，有时候一起去拜访朋友，有时候一起去游山玩水。既然都成了好朋友，就无话不谈了，于是李世民就把自己想起兵反隋的想法告诉了裴寂，裴寂答应劝说李渊。

大业十二年（公元616年）十二月，突厥人又来骚扰马邑。李渊奉命派副留守高君雅率兵与马邑太守王仁恭同力抗击。王仁恭、高君雅与突厥交战不利，李渊怕一起被治罪，非常忧虑。李世民乘此机会劝李渊说："如今主上昏庸无道，百姓困顿贫穷，晋阳城外都成了战场，父亲大人要是恪守小节，下有流寇盗贼，上有严刑峻法，您的危亡就要来到了。不如顺应民心，兴起义兵，转祸为福，这是上天授予的时机。"

没过几天，隋炀帝以李渊和王仁恭不能抵御突厥的进犯为罪，派使者要将他们押往江都。李渊大为恐惧，李世民与裴寂又乘机劝说李渊："如今主上昏聩，国家动乱，为隋朝尽忠没有好处，本来是将佐们出战失利，却牵连到您，事情已经迫在眉睫，应该早些定大计。况且晋阳军队兵强马壮，宫监积蓄的军资财物巨万，以此起兵，还怕不成功吗？代王年幼，关中豪杰风起造反，但不知归属于谁，您要是大张旗鼓地向西进军，招抚他们并且使他们归附，这就如探囊取物一样容易。为什么要受一个使者的监禁，坐等被杀戮呢？"李渊认为这话很对，就秘密布置准备。

错综复杂的客观形势，把李渊推上了历史舞台，而李世民与裴寂等人的游说，又坚定了李渊的决心。于是，起兵反隋的计划开始筹划了。

第三节　晋阳起兵

准备工作有条不紊地秘密展开了。

李渊命令李世民与刘文静等各自招募兵马。远近之民苦于隋炀帝暴政，纷纷投军，刚10天左右，就募兵近万人。这支队伍是由李渊、李世民父子私自控制和直接指挥的，成为晋阳起兵的主力军。

晋阳副留守王威、高君雅本是隋炀帝派来监视李渊的暗探，见李渊聚集这么多兵马，怀疑他有反隋之心。但当时正是抵抗突厥来犯的非常时期，王威和高君雅迫于形势，不能反对，但也委婉地提醒李渊，招募士兵只能用来对付依附突厥的刘武周，决不可另有图谋。

李渊、李世民父子为了防止日久生变，加快了军事部署的步伐。王威和高君雅看到募兵云集，怀疑李渊已有异志，便暗中策划晋祠祈雨大会。晋祠位于今太原市西南25公里的悬瓮山下。王威、高君雅想把李渊诱骗到这里，加以杀害。这个阴谋恰好被经常出入王、高两家的晋阳乡长刘世龙知道了，刘世龙立即将此事报告给李渊父子。李渊和李世民、刘文静等商量后，决定先发制人。

大业十三年（公元617年）五月十四日夜里，李渊派李世民率兵埋伏在晋阳宫城的外面。第二天的清晨，李渊和王威、高君雅坐在一起处理政务，刘文静引着开阳府司马刘政会来到厅堂上，声称"有密状，知人欲反"。李渊故意叫王威先看，刘政会却不给，说："告发的是副留守的事，只有唐公才能看。"李渊佯作吃惊地说："难道有这样的事？"他看了状子才说："王威、高君雅暗中勾结突厥入侵。"高君雅捋起衣袖大骂道："这是造反的人要杀我。"这时，李世民已经在大路上布满了军队。高君雅还想争辩，刘文静一声令下，埋伏在后面的长孙顺德、刘弘基等一跃而出，将王、高二人抓起来投进监狱。

正在这时，恰逢突厥数万骑兵入侵太原，其轻骑从外城北门进入，从东门出去。李渊命令裴寂等人率兵防备，而把各城门都打开，突厥人不知虚实，不敢进入。由于如此巧合，大家都以为确实是王威、高君雅把突厥人招来的，李渊便"名正言顺"地把他俩杀掉了。这就是著名的晋阳宫事变，它标志着李渊、李世民父子公开起兵了。

要成大事，首先就要解除后顾之忧。为了预防突厥进攻，李渊派刘文静出使突厥。突厥答应李渊称帝，就派兵相助，并保证不从后面袭击。李渊为了避免引狼入室，没有答应突厥派兵相助，并采纳了裴寂的建议，立代王杨侑为皇帝，尊远在江都的隋炀帝为太上皇，并对突厥称臣。

接着，就是军队旗帜的颜色。李渊军队的旗帜用什么颜色，实质上是从隋朝还是从突厥的问题。因为是刚刚起兵，军事实力也不是太强，所以既不能得罪突厥，也不能太让朝廷注意。这件事虽然不太大，但还是很重要的，比如用突厥的白色旗帜，会不会引起汉族人的反感与憎恨，而不利于招募义兵。如果用隋朝的红色旗帜，会不会收到相反的效果呢？因为人民对隋朝的怨恨不亚于对突厥的仇恨。李渊认为主张"杂用绛白"，即旗帜赤白相间，表示既不从属于隋朝，也不依附于突厥。

李渊还让汾、晋的百姓四处传唱《桃李子歌》："桃李子，莫浪语，黄鹄绕山飞，宛转花园里。"李为国姓，桃谐音就是陶，即陶唐，配上李字，所以这首歌谣又叫《桃花园》。李渊目睹绛白旗幡，耳听《桃花园》之歌，不觉豪兴大发地说："花园可尔，不知黄鹄如何。吾当一举千里，以符冥谶。"

为了进一步得到人们的支持，李渊在太原打开官仓救济贫民。隋朝在荒年的时候总是闭仓拒赈，令百姓对隋王朝大失所望，于是民愤四起，怨声载道。瓦岗军李密反其道而行之，数次大规模开仓济民，贫民纷纷来投奔李密，使得李密的声势日益壮大。李渊深知其中奥妙，仿效李密，应募之人越来越多，20天内就招募到好几万兵马，并传檄诸郡，自称"义兵"。

李渊起兵之后，辽山县（今山西左权东北）令高斌廉火速派人向朝廷报告。隋炀帝听到奏报后非常恐惧，急忙下令，要洛阳、长安的官员准备防御措施。李渊认为辽山是一座小城，攻不攻都无所谓，不会对义军构成威胁，主要的敌人是西河郡丞高德儒，高德儒挡住了南下的道路，所以必须扫清。

李渊命令李建成、李世民兄弟率军前去进攻西河郡（今山西汾阳）。出发的时候李渊再三勉励他们要努力作战，奋勇杀敌，争取首战胜利。并且任命太原县令温大有为参谋军事协助指挥。当时的士卒都是新招募的，集中起来的时间也不太长，没有经过太多的训练，他们大都不熟悉战阵，更没有进行实战的经验。建成、世民兄弟也都是青年将领，从未单独指挥过一支军队，更何况对手是隋朝的正规军。但是"义兵"也有他有利的一面，比如说军纪严明，上下一心，士气高昂，不像隋军到处抢夺。这也说明了建成、世民在带兵方面还是很有才能的。建成、世民能与士卒同甘共苦，作战时身先士卒，这极大地鼓舞了士兵的斗志，看到主帅甘冒矢石，士卒更是争先恐后。建成、世民严令士兵不准骚扰百姓，如果有敢违反的，就按军法处置。百姓的蔬菜水果，不是买来的就不能吃，看到这样纪律严明的军队，百姓非常高兴，争相送东西慰劳。

建成、世民兄弟二人非常顺利地到达了西河郡，由于一路上广施恩德，西河郡的百姓也都早有耳闻，所以不愿帮高德儒守城。建成、世民下令大军攻城，城上的士兵不愿跟义军拼杀，有的甚至临阵倒戈，所以，没用多长时间就攻下了西河郡。高德儒被抓住斩首示众，以令三军，除此之外没有乱杀一人，对百姓更是秋毫无犯，并且好言安抚，让他们继续以前的工作。建成、世民从出兵到返回太原，只用了9天时间，李渊对这一仗感到非常满意，他认为用这样的军队夺取天下不成问题。

西河一战之后，李渊开始设立大将军府，建立了左三军，任命李建成为左领军大都督，统率左三统军，封陇西公；建立了右三军，任命李世民为右领军大都督，统率右三统军，封敦煌公。士卒称为"义军"。同时让李元吉做太原郡守，留守太原，任命裴寂为大将军府长史，刘文静为司马，温大雅、殷开山、唐俭等人为大将军府掾属，刘弘基、长孙顺德、王长阶等人为统军、副统军。其余文武职员，只要有立功的，便破格提拔。这样一来，李渊用来和各路人马争夺天下的军事机构和政治机构就组成了，同时也把改朝换代的愿望变成了实际行动。

西河一战打得干净利落，充分显示出了李世民的军事指挥才能。这次胜利有两个很重要的原因：一是李世民和士卒能同甘共苦，打成一片，得到大家的一致认同，士兵肯为他们卖命；二是李世民一再严明纪律，对百姓秋毫无犯，收买民心，彻底瓦解了隋军，使得义军以迅雷不及掩耳之势攻下了河西郡。

大业十三年（公元617年）七月，李渊誓师于野，留元吉守太原，他亲自率领建成、世民从太原出发。同时给李密去书一封，告诉李密说，他才是真命天子，自己应当帮助他成就帝业。

李世民说："此书一去，李密专意图隋，我可无后顾之忧了。"

李密得到李渊写来的书信，果然很高兴，并且回书给李渊。李渊更加放心了。

李渊率军南下，行到贾胡堡的时候，恰好赶上天降大雨，一连几天的大雨使道路变得泥泞不堪，无法行军。隋朝内部已经知道李渊起兵反隋了，代王杨侑惊慌不已，急忙派隋朝虎牙郎将宋老生屯兵霍邑，用精兵两万阻挡"义师"。又派隋朝骁卫大将军屈突通镇守要地河东，以阻止李渊集团南下。

军队离霍邑还有50多里的路程。这时，李渊集团遇到了一些困难。由于连日来的大雨，使得军队不能前进，准备的粮食也快吃完了，可是天却一点也不见晴。

这些都没什么，最要命的是后院起火。在李渊集团停滞不前的同时，忽然接到探报刘武周勾结突厥，乘机袭击晋阳，一场是进军还是北还的争论开始了。

李渊认为，时机未到，现在最要紧的是部队必须立刻北还。

裴寂等人也认为，隋朝的军事实力还很强大，不能再轻易冒险前进；李密老奸巨猾，他到底怎么打算，也还不得而知，如果从侧翼偷袭我们，那么后果将不堪设想。刘武周更是不讲信用，出尔反尔，唯利是图。再加上太原是义军的后方，那里有充足的粮草。众人都说不如回去先救根本，然后再想办法出兵南下。

李渊决定第二天起兵返回太原。

李世民正在外面巡逻，忽然听士兵到处传说明天要撤军的消息，他马上赶回大营，一问果真有此事，便闯进中军帐问李渊："父亲何故回军？"

李渊说："粮食已经快吃完了，目前形势很难继续逗留。刘武周如果把老家给抢了，咱们有家也回不去了。"

李世民劝阻道："现在到处是成熟的庄稼，还怕找不到粮食？隋将宋老生生性轻躁，一鼓可擒。李密只注意洛口，无暇顾及远方。刘武周表面上依附突厥，实际上互相猜疑；他虽然有窥视太原之心，但怎能忘记根据地马邑？何况突厥刚和我和好，未必马上就会背盟。这种传闻不可轻信。父亲兴创业大义，有志救民于水火，应当先入咸阳，号令天下；现在遇到小敌就要班师，恐怕跟随首义的众人心灰意冷，各自散去，大事从此就完了。"

李渊摇头道："倘若晋阳有失，我们岂不是无家可归了？我已经决定回去了。"

李渊急令收拾东西，准备撤军。李世民出来邀约李建成，一起去说服父亲。

李建成说："我也不同意撤军，但父亲已做出决定，看来无法阻挡了。"

李世民见李建成支支吾吾，料想不会同去劝谏，又和裴寂等人商量，都说："不如归去。"李世民顿时恼恨万分，连夜餐都吃不下去。李世民在帐外忐忑不安，大步入后营进谏，被李渊的卫士挡住，说大将军已经睡了。李世民悲愤填膺，眼看宏图大业毁于一旦，忍不住痛哭起来，李渊听到哭声才召李世民入问。

李世民哭着说："兵已出动，有进无退；进则生，退则死，怎么不哭？"

李渊问怎么会致死。

李世民说："军队全靠锐气，一旦退回，锐气丧尽，队伍溃散，敌人乘势追击，我军土崩瓦解，怎能迎敌？这岂不是束手待毙吗？"

经过李世民的劝说，李渊开始醒悟，很是后悔，叹息说："左军已经出发，怎么办？"

李世民说："左军虽然出发，想来还走得不远，孩儿我马上去追回来。"

李渊笑着说："成败由你，你去追回来吧！"

李世民及李建成连夜追回左军。一次关系唐王朝建立生死攸关的大争论，以李世民的力主前进而结束。

应当说，李渊等人主张班师回太原，并不纯粹是出于怯懦。客观地说，晋阳的的确确是"义军"的根本之地，即后方的供养中心。如果突厥和刘武周相勾结，掩袭太原，那么南下入关也是很难的。但是，当时的形势，正如李世民所分析的：突厥与刘武周之间，"外虽相附，内实相猜"，并未构成对晋阳的严重威胁。只有"先入咸阳"才能"号令天下"。退回太原，士气大溃，就会有失败的危险。显然，李世民的进军意见要比裴寂的退兵之计高明些。至于李渊，本来就想"西图关中"，这个根本性的方针当然不会改变；但又慑于突厥，同意班师，说明他在用兵上过于谨慎。这与李世民"勇于有为"的作风有所不同。不过，李渊毕竟还是有远见卓识，"乃悟而止"，命令世民和建成追回已经后撤的部分队伍。

过了两天，沈叔安运来粮草，天气也渐渐转晴，李渊命士兵曝甲整械，全军士气高昂，绕行山麓，避开泥泞，往霍邑进发。

李渊最为担心的是宋老生闭门坚守，义军又不能攻占霍邑，以至于战斗旷日持久，把军队拖得筋疲力尽，无法继续南下而贻误了战机。所谓"初生牛犊不怕虎"，建成、世民认为宋老生有勇无谋，不足为惧，可用轻骑挑战，诱敌出战；如果宋老生固守不出，就采用反间计，散布宋老生畏惧不敢出战、想要投降"义军"的消息，这样一来宋老生不战都不行了。李渊说："你们的分析很有道理，宋老生没有趁我军缺粮时进攻贾胡堡，我就知道他无所作为，一介武夫而已。"李渊命令军士先埋锅造饭，吃完饭后再进攻。李世民说："既然敌军已经出城了，就应该以最快的速度抢杀过去，消灭了敌军再吃饭吧！"

于是，李渊亲自率领数百名骑兵到霍邑城东五六里处布阵以待，同时命令建成、世民各带数十骑一直赶到霍邑城下假装视察地形，准备攻城。还大摇大摆地在城下走来走去，故意轻视宋老生，并且让军士辱骂宋老生，什么难听就骂什么，把一些不知是哪朝哪代的事情，都安到了宋老生头上。不但骂宋老生，连宋家的十八代祖宗都给骂进去了。宋老生再也不能抑制自己的愤怒了，立即命人给他备马，带好兵器，解镫上马，命令主力从南门、东门两路出城迎战。李渊怕宋老生背城布阵，使自己的骑兵战术不能发挥，于是命令军队假装向后撤退，诱使宋老生来追。

宋老生看到敌军还未交战，已经胆怯后退了，于是挥军来追。李渊命殷开山等率领的步兵正面迎敌，命建成、世民从左右两面直冲城下，堵死宋老生的退路，然后两面夹击。义军像一只展翅欲搏的雄鹰，把宋老生置于爪下。李渊率军迎头拦杀从东门出来的隋兵，隋兵也不示弱，一拥而上，将李渊逼退数步，多亏李渊的女婿柴绍从阵中跃出，顶住了宋老生的进攻。

宋老生的军队又从南门出来，向城东进发，准备夹击李渊。李世民正在南面观战，赶快和军头段志玄率军飞驰而下，冲击宋老生的后军。

宋老生把后军作前军，让前军作后队，回马与义军进行交锋，李世民手握双刀，左砍右劈，连杀数十人，溅得浑身是血，双刀劈得到处是缺口。随后李世民把袖子割掉，换了两把刀再次杀了进去，段正玄等人紧随其后，奋力拼杀，以一当十，杀得隋军望风披靡，人仰马翻。

但隋军人多势众，杀了一层又围上来一层，情急之下，李世民心生一计，命令军士大呼："宋老生已被活捉，隋军赶快投降，投降的一律免死。"

城东的隋军正和李渊斗得难分难解，相持不下，突然听到主将已被活捉，无心恋战，赶忙往城里退去，那些隋兵进城后，竟然将城门关住，拉起吊桥。这时，只剩城南的宋老生率领一支孤军在奋战，李渊从城东赶过来与李世民形成合围之势，杀得宋老生进退不得。宋老生看到义军越来越多，不禁心胆俱寒，打马想从南门进城，可是偏偏被李世民缠住无法脱身。李渊又从背后杀了过来，隋军腹背受敌，溃不成军。

两下夹攻，宋老生走投无路，下马跳进壕沟想自杀，正遇刘弘基飞马赶到，将宋老生砍为两段。宋老生的部下统统被杀死，倒下的尸体有数里长，流出的血汇成了小溪。李渊命令军士吃点东西，立即攻城。

夜幕来临的时候，总攻开始了。城上箭如飞蝗，但士兵奋勇登城，霍邑主将被杀，城中士兵已经丧失了斗志，李渊很快就攻破了霍邑城。李渊下令只要投降，就可以免去一死。城中兵吏都跪下请降，李渊非常高兴，命令士兵不准扰民，违者军法处置，并出榜安民。士兵随后把以前的官吏都带到李渊的面前，李渊告诉他们去留自便。

这是起兵以来的第二次大战，李渊采用了李世民的策略，取得了决定性的胜利，为进军关中铺平了道路。这充分显示出了李世民高人一筹的眼光，能够正确地分析形势，不走弯路。同时也可以看出李世民的决心，为了成就大业，一往无前，决不后退。从这次战斗来看，李渊已经非常信任李世民了，同时对他的能力也毫不怀疑，基本上把军队的指挥权都交给了他。

第四节　天下归唐

公元617年，李渊攻入长安。公元618年，李渊称帝，唐朝建立，年号武德。

李渊建都长安之后，关东仍然群雄纷争，征伐不已，主要有三支力量：河北的窦建德、江淮的杜伏威、河南瓦岗寨的李密。此外的割据势力还有陇西的薛举、薛仁杲父子，马邑的刘武周以及洛阳的王世充。如果不平定这些军事集团，李唐的江山便很难巩固，于是李渊便派秦王李世民统率大军出征，而将太子李建成留在长安，帮助自己处理政务。

刘武周是河间景城（今河北交河东北）人，他不仅骁勇善战，而且非常喜欢结交朋友，是草莽英雄。年轻的时候，他不喜读书，只喜欢骑射，离家去了洛阳，准备投军。后来成了隋朝大将杨义臣手下的一员虎将。杨义臣征讨高丽，他随军出战，回来后，凭借军功升为建节校尉。不久后到马邑，任马邑鹰扬府校尉。

大业十三年（公元617年），马邑太守王仁恭听说刘武周曾经跟着隋炀帝征辽，喜欢他作战勇猛，收为帐下亲兵，不离左右。时间一长，刘武周开始调戏王仁恭的侍女，侍女不加拒绝，过不多久，便米已成炊，且感情越来越好。刘武周知道天下没有不透风的墙，这事总有一天会被王仁恭发现，害怕事发被诛九族，决定先下手为强，他勾结社会上的一些恶少，杀害了王仁恭。为了镇压其他人，给自己树威，他提着王仁恭的头在郡中示威，没有人敢吱声。刘武周杀隋官在前，示威在后，再做朝廷命官已不可能，自己思量无路可走，只有起义一条路了。于是，刘武周开仓济贫，收得徒众一万多人，自称太守，并依附突厥，被突厥封为"定杨可汗"，成为北方最大的割据势力。

刘武周起义后，原活动于易州（今河北易县）的农民起义军首领宋金刚，被河北义军领袖窦建德击败后，率余众四千人归附刘武周。

李渊建唐后，宋金刚建议刘武周"入图晋阳，南向以争天下"，刘武周遂于武德二年（公元619年）三月在突厥的支持下举兵南下。刘武周首攻并州，并州总管李元吉以畋猎游乐为事，不理军务。四月，刘武周引突厥军至黄蛇岭（今山西榆次北），李元吉强令车骑将军张达仅率一百名步兵试战，结果全军覆没，张达愤而投降刘武周，并引其军攻占榆次（今属山西）。

四月十八日，刘武周进围太原。为了扭转战局，李渊决定派右仆射裴寂来前线督军抗击，任命裴寂为晋州道行军总管，拨精兵三万，会同各郡兵力讨伐刘武周，命他见机行事。可惜裴寂根本不善于带兵，对兵法更是一窍不通，他是一个政治家，但绝不是一个军事家，所以他没能改变战场的形势。

刘武周攻入并州和太原，总管裴寂节节败退。敌军直逼绛州，攻下龙门，不久又攻下浍州，刘武周大军这一连串的军事行动，比当时唐军进攻长安用的时间还短。这与李元吉在太原的治理有很大的关系。李元吉本性残暴，父亲让他留守太原，那简直是放虎归山。太原远离长安，无人能够制约，骄奢淫逸，无恶不作，他的做法惹得人人怨恨。李元吉有奴客、婢妾数百人，李元吉经常让他（她）们披甲执仗，互相攻战，当作游戏。一场攻伐下来，就会死伤很多人，李元吉本人也曾因参加这种游戏而受伤。李元吉的乳母陈氏善意苦劝，他不但不听，反而迁怒于乳母。一次，李元吉喝醉酒后，命人将陈氏活活打死。

李元吉还非常喜欢打猎，他曾说："吾宁三日不食，不能一日不猎。"在狩猎时往往践踏百姓庄稼，还纵容部下抢夺民财，弄得百姓憎恨不已。李元吉甚至荒唐到当街射人，以观人避箭为乐。他还喜欢夜晚外出，奸人妻女，太原百姓对此极为愤恨。协助他镇守太原的右卫将军宇文歆多次劝谏，李元吉不听。宇文歆无奈，只好将这些情况反映给唐高祖，李渊一看奏章，气得七窍生烟。

在武德二年（公元619年）二月，大臣们联名上奏，要求罢免李元吉，李渊下令罢免李元吉并州太守之职。李元吉丢官后不甘心，又暗中令其亲信以太原父老的名义向唐高祖上书，请求留在太原继续为官。唐高祖罢免李元吉是迫于舆论的压力，这时正好顺水推舟，又恢复了李元吉的官职，仍留镇太原。但李元吉并无任何收敛的表现，这就是太原会如此快失守的原因。

刘武周不断进逼，虞、泰二州也已遭到攻击。裴寂并不去组织防御，而是派人去叫州官，把老百姓都收到城里去，把财物烧毁，企图坚壁清野。这种野蛮的做法，最终激怒了当地百姓。百姓连年以来饱受战争的痛苦，已经是穷困之极，现在还要将他们的财物烧毁，他们岂能容忍？百姓心怀忌恨，反乱之心油然而生。夏县吕崇茂乘势聚众，响应刘武周，自称魏王，四处抢劫。裴寂接连得到警报，只好去征讨吕崇茂，但军无士气，一经临战，便纷纷溃退，裴寂也只得飞马逃回。面临四面楚歌的裴寂手足无措，只有上本求援了。

形势非常险恶，李唐王朝的发迹地竟在旦夕之间陷落了。李渊惊呼："晋阳有几万强兵，有足够吃十年的粮食，王业兴起的根基，一下就丢弃了，真是太可怕了。"消息传开，民心大骇，街头巷尾，议论纷纷，远近奔走相告，莫不惊异失常。

在这种严峻的形势下，李渊已经没有斗志了，慌忙颁发手敕："贼势到如此地步，很难与他们抗争，宜放弃黄河以东地区，谨守关西。"可是秦王李世民坚决不同意，他上表称："太原是王业的基础，国家的根本，河东土地富饶，京城的粮食全靠河东供给，如果全部放弃，臣深感愤恨。希望给臣三万精兵，必定消灭刘武周，收复汾、晋。大敌当前，岂能退缩，儿等愿带兵出战！"

于是，李渊答应了李世民的要求，积极准备出征。李渊调集关中所有兵力由李世民统一指挥，封他为征虏大元帅，即刻启程北上讨伐刘武周。李渊知道此次讨伐刘武周事关重大，如果胜利的话，后方从此就固如磐石；如果战败，唐王朝就面临不能统一天下的局面。为了给李世民壮行，李渊亲自到长春宫为他摆酒送行。十一月，正值隆冬季节，天寒地冻，李世民趁河水结冰，从华阴渡过渭水、洛水北上，在龙门渡过黄河、汾水，驻兵柏壁，与刘武周的主力、宋金刚率领的军队遥相对峙。

由于裴寂坚壁清野的政策实行在先，所以现在最为紧缺的就是粮饷，庞大的军队每天消耗的粮食非常巨大。但是黄河以东的州县遭抢劫后，没有粮仓，一般的百姓也都缺粮，人人惧怕侵扰，聚居在城中，征集不到东西。面对这种情况，李世民坚决改变过去裴寂那一套扰民的做法，想方设法安抚人心。由于秦王李世民在百姓心目中的威望很高，所以他一打出自己的旗号，百姓就纷纷踊跃归顺。前来的人日益增多，唐军也不断地征收到粮草。军粮充足，队伍也得到了加强。不过，现在还不是以硬碰硬的时候，所以李世民休兵喂马，只命小部队抄掠敌军，大军则坚壁不战。

在大军坚壁不战的同时，李世民与宋金刚的势力也有小的交锋。

十二月，刘武周大举进兵夏县，永安王李孝基全力抵抗，但力量对比悬殊，全军覆没，永安王李孝基等被伤。李孝基派人通知李世民，自己则躲起来养伤。

李世民接到消息后非常愤怒："敌人如此猖獗，我亲自带兵前去征剿吧！"

兵部尚书殷开山、行军总管秦叔宝愿意代元帅出征。

李世民非常高兴地说："二位将军愿意同去，比我亲自去都强。敌兵已经取得胜利，现在一定回军，最好在中途伏击，攻其不备，定能取胜。"

二将领命出师，在路上探知，入侵夏县的刘武周大将尉迟敬德、寻相已经捉住了李孝基等人，准备返回浍州，现在很快就到美良川。美良川有一条河是尉迟敬德等人的必经之路，殷、秦二人率军埋伏在河边，等到尉迟敬德、寻相率军渡过一半的时候出军攻击，把尉迟敬德等人打得溃不成军，斩杀两千余人，尉迟敬德逃脱。这次大胜，大大提高了唐军的士气，诸将纷纷请战，但李世民认为时机还不成熟，不许出战。只是到处收集情报。

武德三年（公元620年）正月，尉迟敬德和寻相奉命救援蒲坂的王行本，李世民听到这个消息，亲自率领三千人马，连夜赶到安邑（今山西运城东北）设伏。尉迟恭等人还未做准备，已经被杀得七零八落，寻相和尉迟敬德只身逃跑，其余全军覆没。

在侦察敌情的过程中，李世民也曾遇到过惊险的事情。一次，李世民带轻骑兵去侦察敌情，随从的骑兵四下分散开来，李世民只和一名穿铠甲的士卒登上山丘休息，不想竟然睡着了，结果被敌军的情报人员发现了。不久，敌人从四面包围了他们二人。开始，二人毫无知觉，恰巧蛇追老鼠，碰到了士卒的脸，士卒惊醒后发现敌情，赶紧推醒李世民，二人一起上马，才走了百余步，就被敌人追上，李世民用大羽箭射死了敌人的骁将，敌骑兵这才退去。

经过一段时间的坚壁不战，宋金刚的大队人马渐缺粮草。刘武周为打通运粮道，给宋金刚供应粮草，数次攻打浩州。唐将李仲文坚守浩州，刘武周多次进攻，都被李仲文击退。太原的粮草不能运到柏壁，使宋金刚的军粮匮乏。李仲文还派人四处骚扰刘武周的运粮队伍，为李世民的胜利奠定了基础。

又坚壁了一段时间，李世民手下的有些部将不耐烦了，请求与宋金刚交战。李世民说："宋金刚孤军深入，麾下集中了精兵猛将，刘武周占据太原，依仗宋金刚为屏障。宋金刚的军队没有储备，比我们更缺粮食，只有靠掠夺补充军需，利于速战。我们关闭营门不出，养精蓄锐，可以挫败他们的锐气。分兵攻汾州、隰州，骚扰他的心腹之地，他们粮尽无计可施，自然会退军。我们应当等到那时再战，目前不宜速战。"

　　双方对垒相持 5 个月后，宋金刚军粮困乏，正值隆冬季节，再也没有粮食可以掠夺了，部队士气大减，不得不撤军补充粮食。李世民亲率大军奋勇追击，唐军漫山遍野，倾巢而出，鼓声震天，喊声如雷。至吕州追上了断后的宋金刚部将寻相。唐军憋足了劲，冲入寻相的部队，就如狼入羊群，势如破竹。寻相抵敌不住，大败而走。李世民紧随其后，乘胜追击，寻相返回又战，战败再逃，李世民又继续追击，一昼夜走了200多里，打了几十仗。追到高壁岭，总管刘弘基抓住李世民的马缰规劝道："大王打败敌人，追到这里，功劳已足够了，不断深入，就不爱惜自己吗？况且士兵们饥饿、疲惫，应当在此停留扎营，等到兵马粮草都齐备了，然后再进击也不晚。"李世民说："宋金刚无计可施才逃跑，军心涣散；功劳难立而失败颇易，机会难得，转瞬即逝，一定要趁此机会消灭他。如果我们停滞不前，让他有时间考虑对策加以防备，就不可能轻易打败他了。我尽心竭力效忠国家，怎么能只顾惜自己的身体呢？"于是，催马向前，继续追击，一看主帅如此，将士们也不敢再提饥饿。唐军在雀鼠谷追上宋金刚，一天交锋八次，都打了胜仗，俘虏和斩杀的敌军有好几万。

　　当晚，在雀鼠谷宿营。李世民和将士们已经两天没有吃饭，三天没有解甲睡觉。他们稍稍休息。接着，李世民带兵继续追击。

　　这时，宋金刚尚有两万精锐部队，在城西宽阔之处，背城布阵，南北相连有六七里长。宋金刚摆出这样的阵势，准备和李世民决一死战。李世民知道决战的时刻到了，他命李世勣、程咬金、秦叔宝在北面布阵，翟长孙、秦武通在南面布阵，他本人则亲率三千精骑冲其阵后，这一仗都抱着必死的决心，双方杀得难分难解，尸横遍野，血流成河。但毕竟宋金刚新败，士气低落，难以抵挡，大败而逃。李世民追出几十里，一直追到张难堡，摘下头盔向堡垒上的士兵示意，守堡垒的军士认出李世民，都欢呼雀跃，高兴得流下泪来。随从告诉守军：秦王还未进食。守军便献上混酒、粗米饭，秦王吃得很香。在张难堡，敌军将领尉迟敬德、寻相等率余部八千人来降。

尉迟敬德籍属朔州，武勇善骑，是一位杰出的精骑将领。李世民得到尉迟敬德非常高兴，引为右一府统军，并让他仍然统领八千旧部。有人担心尉迟敬德会叛变，李世民不听，说："昔萧王推赤心置人腹中，并能毕命，今委任敬德，又何疑也？"

宋金刚收拾残部，准备再战，但部众都不肯随他与唐作战，于是宋金刚只得和一百多骑兵逃往突厥。至此，刘武周的大部分军队被李世民打败了。刘武周得知全军溃败，只得弃太原北走。不久，宋金刚打算从突厥跑回上谷，被突厥捉回，处以腰斩之刑。

刘武周当初南侵犯唐时，他的内史令范君璋曾规劝道："唐主以一个州的兵力，直取长安，所向无敌，这是上天有助，不是人力。晋阳以南，道路狭窄险要，孤军深入，后无援军，假如进军攻战不利，怎么回军？不如北面联合突厥，南面与唐结交，在此一方称王称霸，才是长远之计。"刘武周不听，留范君璋守卫朔州，自己率军南下。刘武周失败后，流着泪对范君璋说："我没有采纳你的意见，以至于到了现在这种地步。"过了一段时间，刘武周策划从突厥逃回马邑，事情泄露，被杀。突厥人任命范君璋为行台，统领刘武周的余部。

经过半年艰苦卓绝的战斗，李世民圆满完成使命，收复了并、汾旧地，消灭了又一个"争天下"的强大敌人，为巩固新建的唐朝政权立下了卓越功勋。战役结束以后，李世民升李仲文为并州太守，自己率大军凯旋。

在这次战役中，李世民在军事作风上堪称楷模。作为一个封建时代的军事指挥者，能够在战斗中做到身先士卒，与士兵同甘共苦，确实是难能可贵。李世民在军事指挥上创造了一个奇迹，古语说"穷寇莫追"，但李世民一追到底，全歼敌军。李世民对实战的自如运用，真是到了很高的境界。

平定刘武周是李世民一生中指挥的第二个大战役，这次战役，从武德二年十一月出征，到第二年四月结束，战争持续半年时间，最终以李世民的胜利而告终。战争的初始阶段对唐军是不利的，但是李世民巧妙运用"坚壁挫锐"的方略，使唐军由劣势转变为优势，从接连溃败到大获全胜，整个战争是惊心动魄的。李世民不同凡响的军事指挥才能，在这场战争中可谓发挥得淋漓尽致，对战略、战术的运用也达到了炉火纯青的程度。对战场的把握，对敌人敏锐的洞察，正确的判断，使他每战必胜。这同时也让他在军队和朝廷中有了很高的声望，他手中不但掌握着军权，而且政治上也得到不少实惠。

击败刘武周，不仅稳固了关中形势，而且为进一步统一全国创造了条件。

平定刘武周势力后，唐王朝把战争的重点转移到了关东地区。经过三个月的征战，李世民打败了河南的王世充和河北农民军窦建德，唐初的统一战争取得了进一步的胜利。但是，在镇压窦建德的余党这件事上，李世民花了很大力气。

在平定河北以后，窦建德的余党散归乡里，其中有部分人极不甘心。偏偏地方官吏不能将唐中央的宽加抚慰的政策执行下去，只要是窦氏部众，便用严刑酷法加以鞭挞，怨恨益生，官吏们恐其生祸，当即奏请朝廷。朝廷下诏：窦氏故将入京。这是一种官逼民反的做法，使河北窦氏余众无法再安下心来生活。就在武德四年七月中旬，他们终于忍无可忍，再次掀起起义的大旗。

唐高祖下令征召窦氏旧将，范愿、董康买、曹湛、高雅贤等均在其名单中，听到消息后，他们就聚在一起商量。

范愿说："王世充降唐，大臣段达、单雄信等，均被处死，我等若到长安，一定和他们是相同的命运。我们十几年来，身经百战，九死一生，今不如再次举事。当年夏王捉到淮阳王，以宾客之礼相待，并放归于唐，唐捉到夏王，立即杀死。我们都受夏王厚恩，如不替他报仇，既对不起夏王，也无颜见天下人，岂不惭愧吗？"

高雅贤接着说："我本想让家属先躲一躲，偏偏这班狐朋狗党先听到风声，把我家眷抓去几人，幸亏我不在家，才脱了身，现在要我进去，只有死路一条，反正都是死，何不另谋他路。"

董康买、曹湛等表示赞成。接着大家推选主帅，讨论了好久都没有结果，于是用卜卦来确定主帅，卜封者认为，应推姓刘的为主帅。

高雅贤说："漳南刘雅，是夏王旧将，我们去请他。"

一同到刘雅家，刘雅问有何事，大家把计划告诉他。刘雅摇头说："天下刚刚安定，我只愿耕田种桑，做个老百姓算了，不愿再谈打仗之事。"

高雅贤很不高兴地说："是不愿意出去了？"

刘雅说："这就由我自便。"

高雅贤紧逼说："你不愿去，是不顾老朋友的情谊，我们对你也就不讲情面了。"

刘雅站起来说："你们与我无情也无妨。"

这时，范愿竟拔出刀来乱砍，大家一起动手，砍死了刘雅。

范愿又提议："前汉东公刘黑闼，勇略过人，性格善良、仁慈。我曾听说，刘氏应当称王，要收夏王的部众而举大事，非此人不可。"

刘黑闼小时与窦建德为友，隋末参加瓦岗军。武德元年瓦岗军失败，被王世充俘虏，不久率部逃到河北跟随窦建德。因刘黑闼处事果断、骁勇多谋，极受窦建德器重，被封为东汉公。窦建德失败以后，他回到漳南故里隐居，一边种菜，一边观察局势，等待时机。正好范愿、董康买、曹湛，以及高雅贤等一起来找他。刘黑闼正在园中锄菜，看到这些人来，请入房中，问明来意，范愿谈了自己的计划，刘黑闼稍微推辞就答应了。

经过一番精心部署，刘黑闼于七月十九日袭击并占领漳南县，宣布起兵反唐，并筑坛祭奠窦建德，向窦建德的亡灵昭告他们起兵的意图。他们利用窦建德的名字，很快就聚众百人，不几天就聚得数千人。刘黑闼的行动得到河北相当多人的拥护，势力发展很快，这些人都是当过兵的，打起仗来很熟练，一些州县相继陷落，官吏不断遭到杀害。反唐的火焰大有燎原之势。

刘黑闼自称大将军，向东进军。八月十二日，刘黑闼攻陷霸县，唐魏州刺史权威、贝州刺史戴元祥和他交战，均失败身亡。刘黑闼得到二人的部众及全部武器装备，拥有两千人马。

八月二十二日，刘黑闼攻陷历亭县，杀害了唐屯卫将军王行敏。曾在窦建德时期当过深州刺史的崔元逊及其几十名同党，埋伏在盖满稻草的车上，直接冲入州府衙门，杀了唐任命的深州刺史，割下首级送给刘黑闼。

十月六日，刘黑闼攻陷瀛州，杀死唐瀛州刺史卢士睿。观州老百姓捉住刺史雷德备，以城归顺刘黑闼。毛州百姓董灯明等人暴动，杀死刺史赵元恺响应刘黑闼。

十一月十九日，刘黑闼攻陷定州，捉住唐总管李玄通。刘黑闼爱惜他的才能，想任命他为大将，李玄通不从命。他原来的部下送给他酒肉，李玄通说："各位可怜我身受囚禁之辱，幸以酒肉来开导安慰我，我要与各位一醉方休。"酒喝到兴头上，李玄通对看守说："我能舞剑，希望把刀借我用一下。"李玄通舞完后举刀剖腹而死。二十七日，杞州人周文举杀死刺史王文矩，响应刘黑闼。

饶阳崔元逊袭占深州，杀刺史，响应刘黑闼；兖州徐圆朗已经降唐封鲁国公，现又和刘黑闼联合，自称鲁王。各州豪强，纷纷起事，刘黑闼势力逐渐强大，淮安王李神通等合并出战，皆被打败。刘黑闼接着攻陷瀛州，杀刺史，再攻陷定州，总官自杀，陷冀州，杀刺史。

赵、魏境内，所有窦氏故将争杀唐吏。十二月三日，刘黑闼攻陷冀州，杀唐刺史麴棱。黎州总管李世勣驻崇城，听刘黑闼来攻，自以为抵挡不住，急忙退往洛州，路上被追杀，五千人一个不剩，只身逃走。不到半年，刘黑闼收复了窦建德故地。

武德五年（公元622年）正月，刘黑闼自称汉东王，改年号为天造，设都城于洺州。窦建德时期的文武官员全部恢复了原来的职位。刘黑闼的法令行政，全部效法窦建德。

武德五年正月八日，李渊非常着急，只好再派秦王李世民、齐王李元吉出兵山东，讨伐刘黑闼，开始了在唐初统一战争中指挥的最后一个战役。

秦王李世民先夺回相州（今河南安阳）。面对唐军的强大攻势，刘黑闼退守洺州。十四日，李世民再进军肥乡，在洺水南岸扎下营寨，步步紧逼，列阵于洺水附近，与刘黑闼军营相对而扎。

唐幽州总管李艺（原名罗艺，隋末任虎贲郎将。武德元年归唐后，赐姓李，封燕郡王）率所部数万人来和李世民会合。刘黑闼留范愿守洺州，自带精兵与李艺对阵。李世民派程名振连夜运60面大鼓，在城西二里堤上，一齐擂响，鼓声大振，响彻云天，连城中都摇动起来。

范愿大惊，派人飞报刘黑闼，刘黑闼迅速返回城，只得派其弟刘十善、行台张君立，率兵万人，到了徐河。一月三十日，双方在徐河（今河北徐水县）交战，结果刘十善、张君立大败，损失八千人。

同日，洺水人李去惑开城降于李世民军，李世民派王君廓率1500名骑兵入城，和李去惑共守洺水。

二月，刘黑闼回师洺水，行至列人县（今河北肥乡东北），遭到秦叔宝的截击，刘黑闼失利。十七日，李世民收复邢州（今河北邢台），李艺则夺占定、栾、廉、赵四州，抓获刘黑闼的尚书刘希道，后与秦王会师于洺州。

刘黑闼进攻洺水，因城在水上，不便进攻，就从东北两隅筑两处通道，以便靠近城墙。李世民带兵前去支援，三次均被击回，于是召集诸将商量。

李世民说："通道将要筑成，敌兵如到城下，城肯定不能守了，不如叫他们突围出来，再商量破敌办法。"话未说完，罗士信自请战："我愿去守城。"

李世民说："城已垂危，恐不能守。"

罗士信说："城存吾存，城亡吾亡。"

李世民登上城南高冢，举旗招王君廓回，派罗士信接应。罗士信率二百骑前往，君廓杀出，罗士信驰入，刘黑闼又把城围住，接连八昼夜，罗士信衣不解甲，目不交睫，在城上督守。

忽然天降大雪，满城皆白，目为之眩。刘黑闼乘机攻入。罗士信挺着长矛，刺杀头目多人，身受重伤，飞马奔回，因大雪弥漫，看不清路，陷入泥淖中被俘，英勇不屈而死。

三月，李世民与李艺于洺水城南扎营，以部分兵力屯于洺水之北。刘黑闼多次挑战，李世民坚壁不战，出奇兵切断了刘黑闼的运粮道。

秦王李世民与刘黑闼相持其间，双方都采取袭扰的策略打击对方。

一次，刘黑闼阵中的高雅贤在营中喝酒，李世民派李世勣出兵袭击，杀入高雅贤营中，高雅贤已经酣醉，上马出战，被李世勣部将刺中，坠落马下，虽被部下救回，未回到营时就死了。

刘黑闼从冀、贝、沧、瀛州运粮，水陆并用，唐将程名振率兵截击，弄沉了运输船，烧毁了运粮车。同样，刘黑闼也暗中偷袭李世勣军营，李世民闻讯，立即带兵突袭刘黑闼的背后，结果被刘黑闼包围。尉迟敬德率壮士冲入包围圈，李世民才得以脱险。

双方相持60多天。李世民知道刘黑闼粮尽必来决战，便秘密派人堵住洺水上游，令其监守，在决战时放水。刘黑闼渡水南来，逼近唐营。李世民统领精骑，破其前阵，又捣入后队。刘黑闼督兵死战，从中午到天黑，斗了数十回合，渐渐支持不住，刘黑闼带着一部分将领悄悄逃走，其余的还在格斗，不料上游放水，河水漫过两岸，刘黑闼的兵被漂去几千人，留下的一半被唐兵杀尽。

刘黑闼过了洺水，手下只有两百骑，只好逃往突厥。李世民赶走刘黑闼，再一次平定山东。

六月一日，刘黑闼在突厥的支持下，侵犯山东（今太行山以东）。

六月十七日，刘黑闼侵犯定州。他的旧部属曹湛、董康买重新召集兵马响应。

九月，刘黑闼再次攻陷瀛州，杀死刺史马匡武。盐州人马君德反叛，以盐州城归附刘黑闼。河北一带的局势再度动荡。

十月四日，在秦王李世民已于七月奉诏回长安的情况下，唐高祖任命齐王李元吉为领军大将军、并州大总管，率军进击刘黑闼军。

五日，贝州（今河北清河县西北）刺史许善护与刘黑闼的弟弟刘十善战于鄃县，许善护全军覆没。六日，唐右武侯将军桑显和于宴城（今河北束鹿东北旧城），将黑闼军击败，而此时唐观州刺史刘会却举城降于刘黑闼的部队。

十七日，唐淮阳王李道玄率军三万，与黑闼军战于下博（今河北深州市东南）。由于副将史万宝与李道玄不和，史万宝率主力在后，按兵不动，结果，李道玄败亡。黑闼军消灭李道玄后，又击败了史万宝。

李道玄死时才19岁，李世民深为痛惜地说："道玄常跟随我征伐，见我深入敌阵，心中羡慕想要模仿，才会这样。"李道玄的败死，使山东唐军极为震骇，唐洺州总管庐江王李瑗弃城西逃，其余州县皆叛离唐军，归附刘黑闼。十日之内，刘黑闼完全收复了旧地。

二十七日，刘黑闼进入洺州。十一月三日，唐沧州刺史程大罗为刘黑闼所迫，弃城逃走。齐王李元吉畏惧刘黑闼兵强，不敢进兵。

十一月七日，唐王朝经过一番微妙的策划，诏命建成率军进攻刘黑闼，唐陕东道大行台及山东道行军元帅，河南、河北各州均受李建成调度，并可自行决定征战大事，先行后奏。

刘黑闼率军南下，自相州以北的州皆归附刘黑闼，只有魏州总管田留安坚守不降。刘黑闼攻打魏州（今河北冀州市）不下，便突然改变攻击目标，向南攻下元城（今山东莘县西南）。刘黑闼回军再攻魏州，仍无效果。

这时，太子李建成、齐王李元吉的大军已经到达昌乐（今河南南乐西北），刘黑闼率军迎击，但两次列阵，都没有打就停下了。魏徵对太子说："以前打刘黑闼，他的将帅都预先写上名字处以死罪，妻儿被俘虏。因此，齐王前来，虽有诏书赦免刘黑闼党羽的罪过，但他们都不相信。如今应当全部放掉那些被囚禁和俘虏的人，加以安慰晓谕并放走，这样，就可以眼看着刘黑闼的势力分崩离析了！"太子李建成听从了这个意见。

不久，刘黑闼粮食用尽，士卒多逃跑，有的甚至捆着首领投降唐军。刘黑闼怕城中唐军杀出，与李建成大军内外夹击，便乘夜逃遁。刘黑闼行至馆陶，因永济桥尚未修好，无法渡河。

二十五日，太子、齐王率大军赶到馆陶，刘黑闼让王小胡背河列阵，抗击唐军，自己督促架桥，架成后立即过河。但这时的刘黑闼军已无斗志，成溃散态势，士兵纷纷放下武器投降。桥不坚固，唐大军刚渡过一千余骑，桥梁毁坏，刘黑闼和几百骑兵得以逃脱。刘黑闼被唐军追赶，日夜奔逃无法休息。

武德六年正月，刘黑闼和随行一百多人，到达饶阳，他们十分饥饿、疲惫不堪。刘黑闼任命的饶州刺史诸葛德威出城迎接，并请他入城，刘黑闼不进，诸葛德威便流着眼泪反复请求，刘黑闼看他很诚心的样子，就答应了。他们进城后在旁边的市场上稍事休整，吃些食物。可是还没吃完，诸葛德威就带兵来，把刘黑闼抓了起来，送给了太子李建成。刘黑闼和弟弟刘十善在豪州被斩。临刑前，刘黑闼叹息道："我有幸在家种菜，却被高雅贤这些人害得落到如此下场。"

武德七年（公元624年）春，历时七年的统一战争结束了，中华大地再一次成为统一的大帝国。

第二章

阋墙之争

第一节　天策上将

玄武门兵变是李世民个人的悲剧，却是大唐帝国的幸事。

皇位继承始终是权力斗争的焦点，除了开国君王自己夺取天下之外，从第二代开始就有继承权问题，除非只有一子。按规定：皇位应传给嫡长子，即皇后所生长子，如皇后无子，才传给其他儿子。君王也可以决定由谁来继承皇位，有很多君王数易其嗣。

为了争夺君王的地位，刀光剑影，兵戎相向，钩心斗角，让人惊心动魄。

唐太宗李世民在与兄长李建成争夺皇位的斗争中处于劣势，但他先走一招，将劣势变为优势，夺得了皇帝的宝座。

这场斗争是从什么时候开始的呢？随着李世民的军功显赫，一方面他本人逐渐产生了觊觎皇位的政治野心；另一方面引起了李建成的妒忌。

晋阳起兵之前，李世民就开始在政治上逐渐成熟，他见隋室大乱，暗中立下大志，于是倾心结交贤能之士，得到他们的支持，为建立自己的基业奠定了基础。

大业十三年（公元617年），李渊于晋阳起兵，正式举起反隋大旗。义宁二年（公元618年）五月，李渊建唐称帝，立世子建成为太子，次子世民也因功被封为秦王，担任尚书令，四子元吉则封为齐王。然而，李世民并不满足于当一个位于太子之下的秦王，他向往的是至高无上的皇帝宝座，因此为了实现这一目标，他更加注重谋势，为建立自己的基业而精心谋划。

领军打仗对李世民来说，是一个发展个人势力的绝好机会。在平定天下的征战中，李世民不仅招揽了一大批武将，还从敌军营垒中网罗了一批能征善战的将帅之才，如尉迟敬德、秦叔宝、程知节、屈突通、张士贵、薛万彻、李君羡、张公瑾、戴胄等人。这些人后来都成为秦王府的得力助手，被李世民安置在自己的"天策将军"府中，使天策府成为自己的军事决策顾问机构，为争夺帝位做好武力上的准备。

与此同时，李世民又非常注意延揽智谋之士。早在攻取长安之后，李世民就注意网罗人才，房玄龄、杜如晦、长孙无忌等这时成了他的重要谋士。

房玄龄是齐州临淄人，起初任隋朝隰城县尉，后来因事被革除官职，迁居上郡，于大雪天拄着拐杖去拜李世民。李世民一见房玄龄，就像见到久别的故人，于是任他为渭北道行军记室参军。房玄龄从此忠心跟随李世民，成为他的心腹谋士。

杜如晦是京兆万年人，于高祖武德四年担任秦王府的兵曹参军。不久太子李建成就向高祖李渊建议，调杜如晦任陕州总管府长史。房玄龄得知这一消息后，向李世民说："秦王府中同僚调走的人虽然很多，但大都不值得可惜。杜如晦这个人聪慧贤明，通达事理，是个王佐之才。如果大王只想保住秦王的地位，端坐拱手无所作为，就用不上他；但大王若想有志于天下，则非此人莫属！"

李世民见房玄龄如此重视杜如晦，吃惊地说："先生如果不说，我几乎失去此人了！"于是亲自去向高祖求情，调杜如晦为秦王府中属官，把他当作心腹，常常在帷幄之中参谋筹划。当时军务繁多，杜如晦能从容应对，剖析事理，决断迅速，因而深得李世民的赏识。当李世民即位后，任命房玄龄和杜如晦为尚书省左、右仆射，实际上就是宰相。他们帮助李世民处理政务，深得时人的称赞，被称为"房谋杜断"。

武德元年（公元618年）十一月，讨伐薛举、薛仁杲父子的时候，唐高祖曾经派李密到豳州迎接秦王，李密"自恃智略功名，见上（李渊）犹有傲色；及见世民，不觉惊服"，私下悄悄对秦府将领殷开山说："真是英主啊，如果不是这样的人，怎么能够平定祸乱呢！"可见，这一战役的胜利无形中让李世民提高了威望，人们都对他心悦诚服。这是一种心理上的威慑，而不是屈服在武力或刀剑之下。

平定王世充时，李世民和秦府记事房玄龄"微服"拜访一位名叫王远知的道士。王远知迎谓曰："此中有圣人，得非秦王乎？"李世民据实相告，道士又说："方作太平天子，愿自惜也。"李世民听了，一直记在心里，"眷言风范，无忘寤寐"。可见，他这时已经萌生了想当"天子"的念头了。

武德四年（公元621年），秦王李世民再设天策将军府，将它作为自己的军事顾问决策机构之后，又以"海内浸平"，向高祖提出设立"文学馆"，借以收罗四方文士，得到高祖批准。文学馆创建之后，李世民又招到了许多著名的文人学士，出现了所谓的"文学馆十八学士"，他们是：房玄龄、杜如晦、于志宁、苏世长、薛收、褚亮、姚思廉、陆德明、孔颖达、李玄道、李守素、虞世南、蔡允恭、颜相时、许敬宗、薛元敬、盖文达、苏勖。

对这18位学士，李世民供给珍膳，将他们分成三批，在阁中值宿，陪伴自己，遇有重要问题时，就和他们讨论商议；同时，李世民还"锐意经籍"，向他们学习政治经验，逐渐由崇尚军事向注重政治转变。在李世民的刻意培植下，他的私人势力迅速膨胀，而且凡是被他所延聘的文士、武将都有一个共同特点，即只听命于秦王李世民，而高祖的诏敕他们有时并不买账。对此李渊曾发牢骚说："此儿典兵既久，在外专制，为读书汉所教，不再是我过去的儿子了！"大臣封德彝这时也提醒李渊说："秦王依仗自己立有善世之功，不服居太子之下。"可见，当时明眼人都看出了李世民的志向不在于当一个秦王，而是将来取代太子见机称帝。

武德四年（公元621年）冬十月，因为李世民功劳之大，难以衡量，高祖认为以前的官衔已经不能与这特殊的功劳相配了，于是又赐了一个徽号，用旌旗来记录李世民的功德，给李世民加封号为天策上将，陕东道大行台，位在王公之上，天策府还可以配置官属，里面设有长史、司马各一人；从事中郎二人；军咨祭酒二人，典签四人；主簿二人；录事二人；记室参军事二人；功、仓、兵、骑、铠、士六曹参军各二人，参军事六人。李渊用这样的封赠给李世民，是对他的功劳的肯定，这时的天策府实际上成了秦王李世民军事上的顾问决策机构。

自晋阳起兵至攻克长安，李建成的战功几乎和李世民一样，差距是在统一战争的过程中产生的，李世民以赫赫战功，威名震天下。

正是因为如此，太子李建成才感到惶惶不安，因为他知道李世民是不甘心久居自己之下的，因此以李建成为首的东宫集团已经感到严重的威胁，东宫开始积极谋划提高自己的威望，同时压制李世民的势力。

武德五年（公元622年）十一月，机会来了，刘黑闼借助突厥的力量第二次起兵，攻下了原河北的旧地，声势非常大。李建成身边的太子中允王珪、洗马魏徵建议说："秦王功盖天下，中外归心；殿下但以年长位居东宫，无大功以镇服海内。今刘黑闼散亡之余，众不满万，资粮匮乏，以大军临之，势如拉朽，殿下宜自击之以取功名，乘机结纳山东豪杰，庶可自安。"李建成只是位居嫡长，就其功绩与声望来说，远不及世民，唯有通过创立军功，深自封植，才能维持太子的地位。因此，李建成立刻同意此议，李渊也马上批准李建成出征。过去，每次重大战役都是李世民挂帅的；现在改换李建成，陕东道大行台及山东道行军元帅，河南、河北诸州并受李建成处置，目的是想压抑日益强大的秦王府，以加强东宫的实力。

第二节　明争暗斗

唐高祖李渊晋阳起兵时，三个儿子中只有次子世民在身边出谋划策；长子建成、四子元吉当时还在太原，等他们赶到太原时，已经举起了起义的大旗，他们因此错过了"首义之功"。但是从此以后，无论是"西河大捷""霍邑之战""河东之围""攻占长安"，建成、世民分别为左、右领军大都督，都立下了赫赫战功。前期的战争都是互相帮助，互相扶持；同进同退，两人都是并肩作战，建成的战功和世民的战功相差无几。

当唐朝建都长安以后,诸多的政事李渊一人很难忙过来,所以很想找一个帮手。但是所处理的都是国家大事,外人又不能太相信,一旦处理不慎,就会给人民带来很多痛苦,那样对刚刚建立的新政权会很不利。这时,李建成已被封为"太子",辅佐父皇治理天下的重担自然就落到了他的身上。于是,李建成就只能留在长安帮父亲处理政务。但当时各地的军事集团还未统一,而统率大军继续讨伐各军事集团、统一全国的艰巨任务,自然而然地落在了李世民(此时已被封秦王)的肩上。

消灭各军事集团是唐初最重要的事情,战事的胜败同样也决定着唐王朝的命运。那么这些战争由谁来指挥呢?论资历、论经验、论谋略非秦王莫属。同样战争的决定性胜利,使领导者的威望骤增,这道理谁都清楚。武德四年七月,当秦王胜利地返回长安时,身上披着黄金甲,后面跟随着同自己出生入死的二十五名大将,一万名铁骑,整整齐齐地排在后面,军容整肃,从长安城上望去,真是蔚为壮观。这时的李世民无论从哪一方面和李建成相比,都略占优势,尤其是军权在握,更是不容置疑。

太子李建成看出了秦王的心志,为了及早防范,他也在营造自己的势力。

首先,他折节下士,招到了魏徵、王珪等著名谋士,得到他们的忠诚支持。

其次,李建成又接受魏徵等人的建议,在山东结纳豪杰,培植自己的地方势力;又勾结庆州都督杨文斡和幽州的燕王李艺,从内部和外部发展自己的支持力量。

再次，李建成又利用自己是太子的有利身份，经常向后宫李渊的宠妃婕妤、尹德妃送礼，唆使她们经常在李渊面前说李世民的坏话，使李渊逐渐增加了对李建成的信任，而对李世民产生了隔阂猜疑心理。

在外廷，李建成也积极谋求支持者。宰相裴寂是李渊最主要的助手，又深受李渊信任，李建成与裴寂之间建立了密切的关系，同时他又取得了另一位执政大臣封德彝的支持，因而在朝中的实力可谓强大。

还有一条值得注意的是，在李世民与李建成争权的过程中，有一支不容忽视的力量——齐王李元吉。李元吉虽然在实力上不如两位兄长，但他如果倒向哪一方，另一方就会受到更加严重的威胁，所以李建成和李世民都想争取李元吉的支持。结果，李建成在这场斗争中获胜，李元吉与李建成结成了联盟。

因此，总体来说李世民的实力比不上太子李建成，为了谋势力，他还必须从外部发展，创建自己的基业。于是，他与李建成展开了针锋相对的谋势斗争。

当李建成在李渊后宫寻求李渊宠妃的支持时，李世民也没有闲着。他利用自己多年来在外征战所搜获的珍宝，让妻子长孙氏去李渊宫中结交各位妃子，连太子李建成也得知了这一消息。同时，长孙氏又亲自出面向高祖李渊攻关，"孝事高祖，恭顺妃嫔，尽力弥缝，以存内助"，努力争取高祖和部分妃嫔的支持与谅解，这才使李世民不至于被李建成、李元吉的谗言陷害。

在朝廷大臣中，李世民也积极寻求支持者，大臣刘文静、萧瑀、陈叔达等都给了李世民非常难得的援助。刘文静被李渊杀死后，李世民失去一位心腹大臣，这使他十分痛心，但萧瑀等继续给予他帮助。对于萧瑀等人的拥护之功，李世民即位后称赞他说："萧瑀为人，不可以厚利诱之，不可以刑戮惧之，真乃社稷之臣啊！"为此他特意赠诗给萧瑀："疾风知劲草，板荡识诚臣。"

针对建成在山东阴谋勾结豪杰的活动，李世民也在洛阳一带建立自己的势力范围。他委派大将张亮去洛阳，统率左右亲兵一千多人，"阴引山东豪杰以俟变，多出金帛，恣其所用"；又命大将温大雅坐镇洛阳，招募士卒。这样，李世民在京外也发展了自己的私人武装势力，为以后夺权创造了条件。

此外，李世民还对太子李建成的属官进行了成功的收买，太子率更丞王晊、玄武门守卫将领常何等先后投靠秦王府，他们在玄武门之变前后，一个向李世民通风报信，一个领兵拦截阻杀太子李建成和齐王李元吉，为李世民在玄武门之变中成功夺权立下大功。

自武德五年（公元622年）十二月讨伐刘黑闼第二次起兵后，唐王朝封建统治集团的内部矛盾日趋尖锐化。李世民与李建成之间，水火不容，从激烈的暗斗演变为一系列的公开争斗。唐太宗曾经回忆说："武德六年以后，太上皇（李渊）有废立之心，我当此日，不为兄弟所容，实有功高不赏之惧。"所谓"废立"，恐怕是自我吹嘘而已。但是，李世民不为兄李建成和弟李元吉所容，遭到种种倾轧，则完全是事实。

李建成、李世民、李元吉，每个人都各自拥兵，大多数官吏都各有靠山，都在三大集团势力之中。太子东宫和秦王府一直都是面和心不和。而齐王府当时是中立的，李元吉倒向哪一方，哪一方的力量马上就会加强。在联合齐府一事上，李建成占了主动，这也和当时的局势有关，因为李建成毕竟是太子。东宫和齐府的联合，使得各方面的势力都向一边倒了，他们二人"共倾世民"，对秦王府造成的威胁越来越严重了，令李世民极不舒服。

本来在平定刘黑闼第二次起义之前，李世民和李元吉之间并无矛盾，尚能和平共处，兄弟二人经常互相拜访。李元吉的转变，关键就在李元吉跟随李建成讨伐刘黑闼，当中二人可能还订有盟约，我们不得而知。但事实上，就是在这个时候李元吉被拉拢过去的。

李元吉不如李建成和李世民，但也不是缺心眼的人。因为他勇猛有力，在统一战争中也立过不少战功。然而，他性格中的缺点是骄逸放纵，名声欠佳。当李元吉看到兄长们争斗，他也考虑自己的地位和将来的前途。看到大哥、二哥争得如此激烈，他也企图取得皇位的继承权。他考虑到二哥更胜一筹，自知自己也不是二哥的对手。如果他跟随李世民，他没有把握实现自己的政治野心，而投靠李建成就不同了，情况对他更有利，正如他所说的"但除秦王，取东宫如反掌耳"。所以兄弟三人各怀鬼胎，只要建成能除掉李世民，李元吉也绝不会心甘情愿位居李建成之下的。这就是李元吉被李建成拉拢过去的原因。显然，李元吉的野心害了他，他本可以安安心心地做他的齐王。可是他没有自知之明，最终落了个悲惨的下场。

两派的明争暗斗越来越激烈了，也更残酷了。在李建成的精心策划之下，形势变得对秦王李世民不利起来。尽管有许多文士武将支持李世民，李世民也倚为左膀右臂，但成为太子心腹大臣的也不乏其人；而且更为重要的是，李建成一直都得到父皇李渊的支持。因此再加上李建成与李元吉联手，处境十分不妙。如果说武德五年以前他还有显赫战功可凭借的话，此后由于全国形势的逐渐平定，他再也没有新的战功。当功劳成为过去的时候，也许一句小小的流言就可以抵消所有的功劳。因为以前的毕竟都成为过去了。李建成和李元吉这时在李渊的面前倾轧他是非常见效的，李世民是个聪明人，他已经感到危机越来越近了。

武德六年（公元623年）下半年，天下已经太平，李世民也不再征战了，李渊派他驻守并州，再也没有从前那样显赫的军功了。年底从并州回来后，一直遭受着冷落与排挤，但是李世民此时也无可奈何。

至高无上的权力所带来的诱惑力是无法比拟的，权力之争也成了不可避免的事情，不论是毫无瓜葛的人，或者是兄弟，或者是父子。以李世民为首的秦王府和以李建成为首的东宫之间，彼此采取种种手段，打击对方，也是必然的结果，对方的衰弱就是在壮大自己。他们这种势头愈演愈烈，无论是在后宫、外朝，还是在地方上，几乎都分为两派：一派支持李建成，一派支持李世民。至于唐高祖李渊的态度呢？既然坚持嫡长制，那就要维护李建成的皇太子地位，不准李世民染指。同时，他也不允许李建成对李世民进行图谋，李建成有不对之处，李渊也没有姑息。如果真的只帮李建成，唯李建成意愿办事，那么，秦王府的势力早就被铲除了。平心而论，李渊的做法是无可厚非的。但是，事情的复杂性，不是只通过协调就能解决的。

李渊本来是试图摆平三个儿子之间的关系，毕竟每个儿子都是自己的，对于李建成与李元吉暗算李世民的不轨行为，知道后就坚决制止，决不容忍。但是，李渊怎么阻止都是无用的，因为他们谋划都是在暗中进行的，绝不可能次次让父亲知道。例如李元吉曾经劝李建成除掉李世民，甚至还说："当为兄手刃之！"还有一次，李世民随李渊来到齐王府，李元吉竟然想趁李世民不备，派刺客暗杀他，但李建成知道这样会被父亲识破，制止了李元吉的这次行动。李元吉竟然恼怒地说："我只不过是为你谋划而已，对我能有什么好处呢！"总的来说，李渊不管怎么做，都无法协调双方的矛盾，他的协调不但没有收到好的效果，反而使互相对垒的形势更加复杂化。

在两大势力的争夺中，从政治影响来看，李建成占绝对主动，他是皇太子，有着别人无法企及的地位。李渊每当外出时，总是由他留守京师，处理大小政务，是非常有实权的。不论内宫的妃嫔、大臣，还是外地的各地都督，依附于东宫的相对多些。李建成曾经扬言，只要让秦王"留在京师制之，一匹夫耳"。这话难免有点自我吹嘘，但也可以想象李建成当时的势力之大，已使李世民在京师处于不利的地位。

对此，李世民及其秦王府僚属都颇感不安。李世民也完全看出了问题的严重性，就如他当时所说："阽危之兆，其迹已见，将若之何？"房玄龄对李世民说："现如今东宫已对主公发动进攻了，他们在京师的势力比我们强，如果我们不积极准备，很快就会受制。如今之计，只有发动政变，除掉皇太子，才能解除我们的危险。"房玄龄的这番话完全符合李世民的心意。

据说，李世民想拉拢灵州大都督李靖，让李靖和他一起谋划这件事，李靖坚决不同意。李世民随后又想拉拢行军总管李世勣，让李世勣给出谋划策，但是李世勣也不愿干。李世民为何不找别人，单找他俩呢？这主要是因为李靖、李世勣原来都是他手下的将领，对他非常忠心。即使拒绝也不会投靠李建成。为什么他们要拒绝呢？当然他们都有自己的主意，他们明白两派的斗争，尤其是这种继承者的争夺，是不能参加的，一招不慎就会祸及九族。更何况秦王府现在正处于劣势，胜负之数还不能预料，置身事外，也许是最好的结局。房玄龄、长孙无忌和杜如晦则与李靖、李世勣不一样，他们都是李世民的亲信，他们对李世民是以死效忠的。他们要处处为李世民着想，但是李靖他们不一样，李世民当了皇帝他们当然好，李建成当了皇帝他们照样做官。这时李世民虽有杀李建成的意思，但又不忍心下手。房玄龄、长孙无忌和杜如晦他们认为，现在只有果断地先发制人，才能转危为安。既然李世民下不了手，这事也一定要做，于是他们三人密谋策划。后来，这事泄露了出去，幸好没有被人抓到把柄，但是房玄龄、杜如晦被逐出了秦王府。房玄龄、杜如晦被逐更显示出了事情的紧迫性，长孙无忌就和舅父高士廉以及秦王府将领侯君集、尉迟敬德等日夜进行策划，劝世民早作决定，掌握主动。

太子李建成的实力日渐增长，朝廷官员也偏向于太子一边，再加上李元吉因私心与太子结盟，李世民的处境越来越危险。为了转败为胜，李世民必须反戈一击。

第三节　玄武兵变

武德九年（公元626年），突厥大兵开始骚扰河套地区，李建成觉得行动的时机已经到来，决定对李世民下手了，李世民被逼无奈只好采取行动先发制人，发动了玄武门兵变，一举灭掉处于优势地位的太子建成。

武德九年夏天，突厥数万军队进入黄河南岸。按过去的惯例，李渊会派秦王李世民率军抵御。但是太子建成为了抑制秦王世民的势力，所以向高祖建议由齐王元吉统率各军北上，让齐王也历练一下，高祖觉得这的确是锻炼李元吉的一个好机会，就答应了。

李元吉出发之前，与太子李建成秘密商议，他们对高祖说秦王府中的尉迟敬德、程知节、段志玄和秦叔宝都是有名的大将，有他们同去征讨突厥，一定能凯旋，秦王府中能征善战的精锐士卒很多，希望能补充到军队中。李渊觉得这次元吉出征的确是势孤力单，有几个久经沙场的名将保护，能比较安心。可是李建成和李元吉却不这样想，他们计划把秦王府的精兵良将控制在自己手中，好为下一步谋杀秦王做准备。

太子李建成与齐王李元吉密谋此事时说："既得秦王精兵，统率数万之众，吾与秦王至昆明池，于彼宴别，令壮士拉之幕下，因云暴卒，主上谅无不信。吾当使人进说，令付吾国务。正位之后，以汝为太弟。敬德等既入汝手，宜悉坑之，孰敢不服？"

可是他们的这一计划还未实行，就被太子率更丞王晊得知，王晊是李世民在东宫收买的密探，他立即向李世民告密。他不但收买了王晊，还收买了东宫另一臣属常何（掌东宫宿卫）。他们虽然地位低下，但知道很多秘密，这使李世民得到了关键性的支持。

李世民得到王晊密报后，立即找长孙无忌、高士廉、尉迟敬德、侯君集等商议对策。长孙无忌等人竭力主张抢先动手，李世民大发感叹说："骨肉相残，古今大恶。吾诚知祸在朝夕，欲俟其发，然后以义讨之，不亦可乎？"

兄弟相残，对于谁来说，都不是一件好事，更何况在天下人瞩目的皇宫内。但是尉迟敬德对李世民这种被动应付的主张并不赞同。他站起身疾声说："人情谁不爱其死！今众人以死奉王，乃天授也。祸机垂发，而王犹晏然不以为忧，大王纵自轻，如宗庙社稷何？大王不用敬德之言，敬德将窜身草泽，不能留居大王左右，交手受戮也！"

长孙无忌也说道："不从敬德之言，事今败矣。敬德等必不为王有，无忌亦当相随而去，不能复事大王矣！"

尉迟敬德接着说："王今处事有疑，非智也；临难不决，非勇也。且大王素所蓄养勇士八百余人，在外者今已入宫，擐甲执兵，事势已成，大王安得已乎？"

听了众人的言语，李世民终于下定决心，不再犹豫，准备先发制人，抢占有利时机。于是他下令召回被调离秦王府的两位心腹谋士房玄龄、杜如晦进府共同商议大事。房玄龄为了坚定李世民的决心，故意激怒地说："皇上已经敕令微臣不得再服侍秦王，今日如果私下进见，必受诛戮，实在是不敢从命。"

李世民听了房玄龄这番话后，果然大怒，解下腰间佩刀，交给尉迟敬德说："玄龄、如晦岂叛我耶？公往观之，若无来心，可断其首以来！"

尉迟敬德知道房、杜只不过是用话激秦王，看他的决心的。所以他立即去见二人说："大王已经下定了决心，你们应该立即进秦王府，共谋大事。"经过一番讨论，大家认为玄武门是最理想的地方，最后决定在玄武门伏杀李建成和李元吉。

玄武门是长安宫城的北门，是宫廷卫军司令部的所在地，有坚强的工事和雄厚的兵力，谁控制了玄武门便可以控制整个皇宫，甚至控制京师，所以玄武门的地位十分重要。当时负责门卫的将领是常何。据常何墓志铭记载，常何在武德五年底跟随李建成讨平河北，也就是平定刘黑闼第二次起兵。武德七年（公元624年），常何担负玄武门的守卫之事。因为内宫中人多数已被李建成收买，在京师处于劣势的李世民，不得不在玄武门将领身上打主意。为了方便行事，秦王李世民收买了常何，还收买了玄武门的其他一些将领，如敬君弘、吕世衡等。李世民确实是老谋深算，这一颗棋子使他取得了决定性的胜利。

六月三日，李世民把一切都布置好了，便开始实行计划的第二步，密奏李建成与李元吉的罪行，说他们"淫乱"后宫，并且告发他们想谋害自己，就像李世民自己所说："臣于兄弟无丝毫负，今欲杀臣，似为世充、建德报仇。臣今枉死，永违君亲，魂归地下，实耻见诸贼。"为什么说李建成"似为世充、建德报仇"呢？李世民无非是表白自己只是因平叛之功而被猜忌，这样就可以把相互残杀的责任全部推到李建成与李元吉的身上了。这些只不过是计划中的一部分，无非是想把李建成和李元吉引到玄武门，以便执行下一步的计划。李渊听后，感到特别不解，想第二天问个清楚。这正中李世民的下怀。

六月四日，李渊先召集裴寂、萧瑀、陈叔达等人一起商量，看如何处理此事。三个儿子来到之前，李渊和大臣们一直在太极宫中商议，他们以为又是兄弟在闹矛盾，便讨论如何劝解协调。他们当然不会预料到事态的严重性。他们更不会清楚李世民早已经在玄武门布置好人马，常何率领长孙无忌、尉迟敬德、侯君集，张公谨、刘师立、公孙武达、独孤彦云、杜君绰、郑仁泰、李孟尝等十人埋伏在玄武门，正等着斩杀建成与元吉。

唐高祖李渊的爱妃张婕妤一直是支持李建成的，她在玄武门也有眼线。李世民将要采取行动的消息被张婕妤知道了，张婕妤立刻向李建成报告。李建成得到密报后，马上找李元吉商量对策。李元吉认为："宜勒宫府兵，托疾不朝，以观形势。"而李建成却认为："兵备已严，当与弟入参，自问消息。"看来，"兵备已严"是事实，李建成早就对京城的军事力量私自作了准备，而且以为旧属常何在玄武门，不会发生什么问题。所以，李建成没有采取必要的应急措施。李建成过于自信，对属下叛变之事竟然一无所知，就和李元吉一道入朝。行至临湖殿，觉得有点反常，立即掉转马头向东宫奔去。李世民和诸将紧追不舍，李元吉本是一位勇士，想回头把李世民射下马来，但在惊慌之下，没有把弓拉满，射不中李世民。李世民追到近前，一箭射死李建成。尉迟敬德带领七十骑奔驰而来，射伤了李元吉，伤势不重，李元吉拼命往武德殿逃，被尉迟敬德赶到射死。

过一会儿，东宫和齐王府的精兵两千人由李建成的僚属冯立、薛万彻、谢叔方率领，结阵猛攻玄武门，与秦王府的将领展开激烈的战斗。由于张公谨闭关拒之，东宫的人攻不进去。玄武门屯营将领敬君弘与吕世衡早已被李世民收买，这时奋不顾身，打开北门迎战，被东宫的军队包围，大家奋力拼杀，但敌人众多，不能冲出，直至战死。

正当战斗激烈进行的时候，李世民的妻子长孙氏把将士领入宫中亲自给将士披上铠甲，并问候是否受伤，给受伤的士兵进行包扎伤口，大家对长孙氏非常感激。长孙氏的舅舅高士廉看到敌人非常凶猛，赶快带领吏卒把绑着的囚犯全部释放，并且发给他们兵器和铠甲，和李世民一起进行防守。在秦王府僚属和囚犯的全力抗击下，玄武门始终掌握在李世民手里。这使东宫的军队多少有些泄气。

正当东宫的部队不知如何是好的时候，有人忽然提议，既然这里攻不进去，我们就去攻打秦王府，杀他的老婆和孩子。于是，一伙人大吵大闹要入秦王府。城上（秦王府）将士听后大骇。因为就兵力而言，李世民兵虽精，但少得实在可怜，寡难敌众；而且大多数将领都集中在玄武门，秦王府只有房玄龄、杜如晦守在那里，力量单薄，万一失守，也会影响全局的成败。所以，秦王府将士们惊恐不已，都不知如何是好。这时，尉迟敬德忽然想出个好主意，他提着建成和元吉的首级，挂在城墙上，给东宫、齐王府的将士看。那些将士看到自己的主人已经人头落地，一下子就像泄了气的皮球，毫无斗志，纷纷逃命去了。

战斗基本上已经结束，李世民开始收拾战场，叫尉迟敬德向李渊汇报情况。敬德一身戎衣，身穿铠甲、手持长矛，李渊一看就知道已经出了乱子，便问裴寂等怎么办。萧瑀、陈叔达进言："建成、元吉本不预义谋，又无功于天下，疾秦王功高望重，共为奸谋。今秦王已讨而诛之，秦王功盖宇宙，率土归心，陛下若处以元良（太子），委之国事，无复事矣！"李渊只好同意，并写了"手敕"，命令所有的军队一律听从秦王的处置。

同时，李渊派黄门侍郎裴矩到东宫晓谕诸将卒，事变最终就这样平息下来了。六月七日，唐高祖李渊下诏立世民为皇太子。诏文说："皇太子世民夙禀生知，识量明允，文德武功，平一宇内，九官惟序，四门以穆。朕付托得人，义同释负，遐迩宁泰，嘉慰良深。自今后军机兵仗仓粮，凡厥庶政，事无大小，悉委皇太子断决，然后闻奏。"这里，所谓"义同释负"，未必是由衷之言，充分肯定秦王世民的"文德武功"，倒是体现了立贤的原则。至于规定今后军国庶事，不分大小，一律先由皇太子处决，这就表明李世民实际上开始执政了。

过了几天，李渊又提出："朕当加尊号为太上皇。"表示了要早些退位的意愿。八月癸亥，正式传位于太子。甲子，李世民即位于东宫显德殿。次年正月，改元"贞观"，开始了"贞观之治"的新时期。这里面，我们不难想象李渊的言不由衷，只不过是迫于当时的形势，只好退位。因为我们知道，李世民在未谋划之前就和众大臣说过，并不是因李建成的缘故而犹豫不决，而是因为铲除李建成后，如何处理好和父亲的关系，既然发动了兵变，就必须掌握实权。也就是说，他铲除李建成，是因为他已经有把握能得到实权了。所以说李渊是被迫退位，而不是自愿退位。

在这场宫廷斗争中，李世民的势力从表面上看一直处于劣势，但是，他的才能，不论从哪方面讲，都是李建成和李元吉无法比拟的。李世民故意露出软弱的一面，李建成和李元吉却被这种表象迷惑了。也不能说李建成无谋，李建成同样是一个高超的谋略家，比如在朝中握有实权的宰相裴寂始终站在他这一边；在后宫之中，李建成也买通了李渊的宠妃，不断向李渊说李世民的坏话，也引起了李渊对李世民的猜疑；在军事上，李建成在太子东宫豢养了几千卫士，被称作"长林兵"，实际上是李建成的私人武装力量，在宫外他又令心腹招募健儿进行操练，为兵变做准备；在地方，李建成也取得了河北的支持。这样，不论从哪个方面来说，李建成的力量都非常强大，只不过太自信了。

力量对比是一回事，具体到事情的成败又是另一回事。李世民假装在实力上处于劣势，使李建成轻视他，这样就更容易对付，而且善于谋算的他采取了先发制人的策略，最终将大意疏忽的李建成击败，并斩草除根，杀了太子和齐王的子嗣，登上了皇帝的宝座。

第三章

太宗皇帝

第一节　太宗皇帝

秦王李世民于唐高祖武德九年（公元626年）六月四日，与臣属房玄龄、杜如晦、尉迟敬德、长孙无忌等人经过密谋后，发动玄武门之变，杀死太子建成和齐王元吉。

李世民当上了大唐帝国的皇帝后，局势并不容乐观，原东宫及各王爷府的敌对势力仍然存在，他们正虎视眈眈地望着新皇帝的宝座。众所周知，"百足之虫，死而不僵"，原太子建成及齐王元吉已经筹划了多年，在朝廷内外和地方都有相当强大的势力。虽然他们在玄武门一战中被杀了，但是他们培养的势力仍然存在，如果不采取有效的措施，太宗的地位仍然会受到威胁。所以，唐太宗首先要解决这个棘手的问题。

唐太宗起初对东宫和齐王府的敌对势力实行的是高压政策。玄武门之变的当天，他不仅把李建成的四个儿子、元吉的五个儿子全部杀死，为了斩草除根，以绝后患，他还下令绝其属籍，满门抄斩，家产全部归国家所有。一些人为了迎合唐太宗这种仇恨心理，甚至打算将李建成、李元吉左右百余人全部斩杀，唐太宗没有反对，以默许来表示赞同。

这时，站在一旁的大将尉迟敬德急了，他坚决反对李世民这种惨无人道的株连政策，他大声地说："罪在二凶（即建成、元吉二人），他们既伏其诛，如果再祸及支党，不是求得安定的良策！大王如果想得到人心，千万不可株连过多过广！"

尉迟敬德说得很对，诛杀虽然可以做到消除后患，但是随着打击面的扩大，随时有激化矛盾的可能，到时如果有人狗急跳墙、顽抗到底，就不好办了。唐太宗经敬德提醒，猛然醒悟过来，他不无感慨地说："此乃真的一条良策啊，我株连过广的目的就是为了安定局面，然而却忘了这其中最基本的一条，实在令人汗颜啊。要不是尉迟将军的力排众议，我们可能还蒙在鼓里呢！"

唐太宗很快就改变了策略，对原东宫、齐王府的势力转而采取宽大政策。他制止了部将滥杀无辜的建议，同时下诏赦天下，称"凶逆之罪，只止于建成、元吉二人，其余党徒，一概不问其罪"。

这一政策的改变果然是立竿见影。玄武门之变的第二天就有人向唐太宗请罪来了。这是谁呢？原来是李建成的心腹将领冯立和谢叔方。

作为东宫翊卫车骑将军，冯立得知玄武门事变后，立即率领属下军队往玄武门方向而来。在玄武门下，他杀死了屯营将军敬君弘。由于冯立的反攻使秦王府将士受到威胁，尉迟敬德无奈地将李建成和李元吉的人头掷出大门。冯立看到自己主公的首级时，大声疾呼道："我没法报答太子之恩了！"此时，无心再战的他这才撤围而去。

对于这样一位忠于对手的将领，唐太宗先是说道："你在东宫之时，就曾暗中挑拨我们兄弟之间的关系；昨天又领兵来攻打我，杀死我的将士；你认为我该如何处置你才好呢？"冯立开始低头不语，最后颤颤巍巍地说道："愿大王给末将机会，我定不会辜负大王的不杀之恩！"

谁也没想到，此时的唐太宗突然变得和颜悦色起来，他扶起了冯立，对他说道："冯立，朕何曾怪罪于你啊？你身为东宫翊卫车骑将军，誓死保卫其主，这是何等忠义之士啊！朕就缺你这样的人才，如果你真的愿意为朕做事，就升你为左屯卫中郎将。"这时的冯立早已痛哭流涕，他激动地说："末将逢莫大之恩，幸而获济，终当以死报答！谢主隆恩！"

唐太宗就这样收下了一个忠肝义胆之士，他认为冯立当时的所作所为，不过是尽奴仆之事，各为其主罢了，正所谓"人在江湖，身不由己"。如果他不来保李建成，李建成万一胜了，他岂不是犯下了大罪？所以，对于这样的忠义之士，绝不能采取对付那些小人、坏人的手段，而是应该动之以情，晓之以理，将其揽于门下，这才是良策。

还有，原太子府大将薛万彻，在玄武门之变时也曾率兵攻打玄武门和秦王府，后因失败未遂，带领着数十骑人马逃往了终南山。

唐太宗怎能"放"过这样一位忠诚骁勇之士，如果能够把他招降到自己的麾下，不仅对自己大有益处，而且对原东宫、齐王府的势力的招揽也能起到很好的示范作用。想到这里，唐太宗立即派人去终南山请薛万彻回长安，并让其转告说："将军乃是忠于所事，我绝不会怪罪于你！"

在唐太宗的感召下，薛万彻半信半疑地离开终南山，在薛万彻撤离终南山之时，还特意给自己留了一条后路，以备不测。可是唐太宗果真赦免了他，而且还委以要职，薛万彻大为感慨道："真是君无戏言，君无戏言啊！"从此薛万彻死心塌地地为唐太宗做事了。

后来，薛万彻还曾向唐太宗说起过自己下山之时留有后路之事，说道："当初，我以小人之心度君子之腹，实在是惭愧，惭愧。"

唐太宗笑道："哎，俗话说'画虎画皮难画骨，知人知面不知心'。

不能怪薛将军多心，当初进退之事，乃事关身家性命，怎能儿戏？所以说，薛将军没有错。朕还要感谢薛将军这样看得起朕，信服于朕呢！"

薛万彻连忙起身，双手抱拳行礼，说道："大王言笑了，我薛万彻从此愿为您效犬马之劳。"

就这样，太宗又收下了一个侠肝义胆之士，身边又多了一个信得过、可以委以重任的人。

王珪原本是太子党，曾和李建成一起谋害唐太宗，太宗知道他的才能，就任命他为谏议大夫。王珪更是不负太宗所托，做事忠心耿耿，处处为太宗出谋划策。

唐太宗还注意重用山东人士。唐太宗曾经说过："观古今用人，必因媒介，若行成者，朕自举之，无先容也。"所以在贞观元年，"太宗尝言及山东、关中人，意有同异"，殿中侍御史张行成跪奏说："臣闻天子以四海为家，不当以东西为限；若如是，则示人以隘陋。"这些话引起了太宗的注意。张行成是定州义丰人，少师事著名经学家刘炫，后在王世充那里当过度支尚书，与山东各种势力联系广泛。而唐太宗之所以器重他，让他预议大政，就是因为张行成的意见反映了山东豪杰的愿望。

为了进一步笼络山东士人，唐太宗开始重用山东地区出身的人才，其中魏徵、崔仁师等人就是其中的代表。值得注意的是唐太宗所拔擢的这些山东人士，往往不是士族高门，而是普通的微族寒门。这些人出身低微，但熟悉基层民情，重用他们有利于迅速稳定河北、山东地区。所以这一举措出台后，唐太宗很快就在这两个地区树立了威信，稳定了当地的政治局势。

然而，在唐太宗下令宽待敌对势力的过程中也出现了一些问题。一些地方并没有认真执行太宗的旨意，而是争相捕捉原东宫和齐王的余党，企图以此来邀功请赏。最终竟使得这些逃亡在外的余党，终日惴惴不安，过起了打家劫舍、胡作非为的生活，搞得一些郡城鸡飞狗跳，人心惶惶。

谏议大夫王珪知道后，向唐太宗报告了此事。太宗给予了高度的重视，并于七月下令，重申要严格贯彻执行宽抚的政策。诏中指出："六月四日以前，事连东宫及齐王，十七日前连李瑗者，并不得相告言，违者反坐。"

为了消除玄武门之变在封建伦理道德方面的不良影响，申明玄武门之变的正义性，唐太宗特地追封建成为息王，谥曰"隐"；元吉为海陵王，谥曰"刺"。按照《谥法》，"隐拂不成曰隐。不思忘爱曰刺；暴戾无亲曰刺。"

在唐太宗下令以礼安葬隐太子建成之时，以皇子赵王李福为建成的后嗣，亲自送建成的棺柩到千秋殿西门，痛哭致哀。

礼葬建成前夕，魏徵从山东返回京城，迁尚书右丞兼谏议大夫；王珪也升为黄门侍郎。他们联名"上表"说："臣等昔受命太上，委质东宫，出入龙楼，垂将一纪。前宫结衅宗社，得罪人神，臣等不能死亡，甘从夷戮，负其罪戾，寘录周行，徒竭生涯，将何上报？陛下德光四海，道冠前王，陟冈有感，追怀棠棣，明社稷之大义，申骨肉之深思，卜葬二王，远期有日。臣等永惟畴昔，忝曰旧臣，丧君有君，虽展事君之礼；宿草将列，未申送往之哀。瞻望九原，义深凡百，望于葬日，送至墓所。"这是一篇感情真切而富于策略的奏章。首先肯定建成"结衅宗社，得罪人神"，他的被杀是理所当然的。同时颂扬唐太宗"明社稷之大义，申骨肉之深恩"，以礼改葬二王。接着，从封建礼仪上陈述了送葬的道理。很清楚，这里丝毫没有煽动东宫旧属的怨恨情绪，反而从道义上弥补了骨肉相残所留下的伤痕。对此唐太宗当然乐意接受，于是原来十分激烈的秦王府与东宫、齐王府之间的矛盾也借此机会得以消除，唐太宗也进一步取得了各位臣僚的忠心支持和拥护。

安抚政策使得唐太宗在玄武门之变后不到一年的时间，就迅速缓解了原东宫、齐王府臣属对自己的仇视情绪，并对他们委以重任，使他们成为自己的得力助手，和原秦王府臣属共同辅佐自己。

由于唐太宗对原东宫、齐王府党徒实行宽容政策，在消除了敌对势力的同时，还为自己网罗了一批文臣武将，为"贞观之治"的繁荣强盛奠定了人才基础。

第二节　良臣魏徵

唐太宗用人，最知名、最具有戏剧性的人要算魏徵，魏徵匡正了唐太宗的许多错误，对贞观之治贡献最大，在贞观名臣中也最著名。

唐太宗用人唯贤，不论对方出身、地位，只要有才，就纳为己用。他手下的很多人才都来自敌方，魏徵就是其中之一。只有明君，才有这样的眼光识人才；只有明君，才有这样的眼光用人才。

魏徵素有大志，通贯书史，但是少不得志，未遇明君。

魏徵从小丧父，成为孤儿，落魄不得志。隋末天下大乱，魏徵隐居道观，诡称道士，在武阳郡丞元宝藏的推荐下，得到李密召见，魏徵献计策，李密不听。

王世充攻打洛口，魏徵见长史郑廷页，献计说："魏公（李密）虽然取胜，但死伤甚多；又无钱财，战胜不赏；这两条都是不能继续再战的。若据险坚守，旷日持久，待粮尽退去，我军乘势追击，定能大胜。"郑廷页说："这是儒生老朽的话。"魏徵因此不辞而别。后来跟李密来到长安，久无用武之地，自己要求去安抚山东，任秘书丞，到达黎阳后被窦建德所俘，拜为起居舍人。窦建德失败后，和裴矩逃入长安，为太子李建成效力。

在唐太宗李世民与李建成争夺皇位之时，魏徵曾极力劝李建成除掉李世民，但是当时李世民又立战功，手下人才又极为强盛，所以李建成没有采纳。

在玄武门之变后，太子李建成战死，魏徵被俘。魏徵作为李建成的智囊，多次为他出谋划策，使得李世民多次险遭暗算。这次李世民命令武士将他押上殿来，厉声责问道："你大肆挑拨我与兄弟之间的关系，你可知罪？"魏徵毫无惧色地说："太子如果早听了我的话，岂能有今天的杀身之祸？"

唐太宗器重魏徵，认为他是正直的人，不因为曾是自己的政敌而恨他。太宗即位后，拜谏议大夫，封为钜鹿县男。贞观六年，唐太宗在九成宫丹霄楼的赏月夜宴上，满怀喜悦地说道："魏徵往者实我所雠，但其尽心所事，有足嘉者。朕能擢而用之，何惭古烈？"在古代的君王中可能也只有唐太宗这样的人才能做到这样的"弃怨用才"。

魏徵受到唐太宗器重后，第一件任务就是安抚原太子的山东势力。

当初太子李建成为了增强自己的实力，在地方积极谋求支持者。他在河北、山东两地发展势力，"阴结豪杰"，使这两个地区成为他的势力范围。李建成在玄武门之变中被杀的消息传到河北、山东时，当地百姓内心不安，有许多人考虑着为太子报仇。一些别有用心的军事集团首领如幽州都督李瑗，就利用这种形势起兵反叛，对唐太宗刚刚建立的新政权构成了严重隐患。所以，唐太宗在消灭了原东宫、齐王府的敌对势力后立即着手去平抚这两地。他经过慎重的考虑后，还是决定派魏徵前往山东担任宣慰使，以瓦解建成在山东、河北建立的势力。

广大的山东地区既是人才荟萃之地，又是当时财政命脉所在。而李唐皇室出于关陇地主集团，要想实现全国范围的统治，就必须任用山东人士。正如武德六年初，秦王李世民所意识到的"山东人物之所，河北蚕绵之乡，而天府委输，待以成绩"。可见，山东、河北两地在太宗的这盘棋中极为重要。

为了尽快地安抚河北、山东两地，李世民在玄武门之变的一个月之后，便封魏徵为谏议大夫，派他安揖河北，并让他"便宜从事"，赋予了他随机处理事务的权力。当魏徵到达磁州（今河北磁县）时，正好遇上了州县官吏押送前东宫、齐王府的属官李志安、李思行前往京师，魏徵上前与副使商量说："东宫、齐王府左右，皆令赦原不问。今复送思行，此外谁不自疑？徒遣使往，彼必不信，此乃差之毫厘，失之千里……今若释遣思行，不问其罪，则信义所感，无远不臻。"

魏徵一番言之有理的话语，也更为州县官吏们佩服得五体投地，因此，他们听从了魏徵的建议，当时下令释放了李志安、李思行等人。此事传出之后，前东宫、齐王府逃亡之人纷纷投奔而来，不再躲藏逃匿。

魏徵此举无疑又为唐太宗在河北地区树立了"信义"，为进一步争取山东豪杰的支持和拥护创造了条件。从此，唐太宗对魏徵也更加信任了。

魏徵在安抚山东势力中立下首功，并在以后辅佐唐太宗的过程中尽心尽力。

唐太宗李世民即位后，全面主持国政。胸怀大志的他下令百官上疏备陈"安人理国之要"。这时，刚从原太子建成阵营归顺的詹事主簿魏徵奏道："陛下，俗话说'饥者易为食，乱后易于教也'。"

唐太宗本来就对魏徵欣赏有加，这次见魏徵的意见又是不同凡响，所以他很感兴趣地问道："此话怎讲？"

魏徵答道："若圣哲施化，上下同心，人应如响，不疾而速，期月而可。信不为过，三年成功，犹谓其晚。"

唐太宗仔细分析了魏徵的话，觉得他所提出的建议甚有道理。不错，要实现"理国安民"的目标，只需几年的努力便做到。他为了实现这一政治目标，采纳了魏徵的建议，作为自己大治天下的决策。

唐太宗与魏徵不愧为两位杰出的政治家，他们的决策恰好顺应了当时的历史需要。隋末唐初，社会经济严重衰退，饱经战乱的百姓们在死亡线上挣扎已久，他们此时最为迫切的愿望就是希望统治者采取休养生息的政策，使自己过上稳定的生活。恰是基于这种深邃的历史感悟，才使他们在百姓的深切期望中，做出了"大治天下"的政治决策。可以说此举是顺应了天意，符合了历史发展潮流，是众望所归的。

贞观初年，太宗开始治理国家之时，由于当时社会情况复杂，有很多不合理的事，为此魏徵提批评意见二百多条。

有一次，太宗问大臣魏徵，君主怎样才能"明"，怎样才是"暗"？

魏徵回答说："兼听则明，偏信则暗。"太宗非常赞成这个见解。因为他知道，自己并不是无所不知，无所不能，只有得到大家的帮助，思虑方能周全，国家才能治理好。

贞观十五年（公元641年），太宗发现一个奇怪的现象，就去问魏徵："为什么近来大臣们不议论朝政？"

魏徵回答："懦弱的人，虽忠心而不能说；疏远的人，担心不受信任而不敢说；自私的人，怕不利于自己而不说。"

太宗说："我并没有怪谁，我只是想敞开胸怀，采纳真直规劝，他们为什么会这样畏惧，难道我做得不好，既然这样我应该改正。"

魏徵是个称职的谏臣，他能够从国家的利益出发，甚至连太宗发怒他也决不妥协。有一年，国家正大量征兵。有个大臣向太宗反映说："有些人为了逃避兵役，谎报年龄，应该把不满18岁的男子，只要身材高大，也征召入伍。"太宗觉得这个大臣说得很对，就按他的意思去办了。但是诏书却被魏徵扣住不发。唐太宗大发雷霆，派人把魏徵叫来，训斥道："那些个头高大的男子，自己说不到18岁，其实是故意隐瞒年龄，逃避征兵。我已发布诏书，你为什么扣住？"

魏徵神色坦然地说："我听说，把湖水弄干捉鱼，虽能得到鱼，但是到明年湖中就无鱼可捞了；把树林烧光捉野兽，也会捉到野兽，但是到明年就无兽可捉了。如果把那些身强力壮、不到18岁的男子都征来当兵，以后还从哪里征兵呢？国家的租税杂役，又由谁来负担呢？"唐太宗被魏徵的一席话说得哑口无言，可心里还是不服气。

魏徵接着说："陛下的诏书上清清楚楚地写着征召18岁以上的男子当兵，现在不到18岁的男子也得应征，这不是说话不讲信用吗？陛下一向说要以诚信待人，为什么征兵的时候怀疑百姓作假？无缘无故怀疑人，这能算讲信用吗？"魏徵的一席话，说得唐太宗再也无话可说。好半天，唐太宗才说："我过去总以为你固执、不通情达理，今天听你议论国家大事，才知道我的过错很大啊！"于是，又重新下了一道诏书，免征不到18岁的男子。从这以后，唐太宗更加信任魏徵了，并且提升他担任太子太师这样高级的官职。

有一次，唐太宗从长安到洛阳，中途在昭仁宫（今河南省寿安县）休息，因为对他的用膳安排不周而大发脾气。魏徵当面批评唐太宗说："隋炀帝就是因为常常责怪百姓不献食物，或者嫌进献的食物不精美，遭到百姓反对，灭亡了。陛下应该从中吸取教训，兢兢业业，小心谨慎。如能知足，今天这样的食物陛下就应该满足了，如果贪得无厌，即使食物好一万倍，也不会满足。"唐太宗听后不觉一惊，说："若不是你，我就听不到这样中肯的话了。"

贞观中期以后，唐朝经济更加繁荣，政治也很安定，朝廷大臣都尽力歌颂太平盛世。只有魏徵不忘过去的艰苦，给唐太宗上了一道奏章，指出他在十个方面的缺点，希望他警惕，保持贞观初年的好作风。唐太宗把这个奏章写在屏风上，早晚阅读，引为借鉴。他对魏徵说："我现在知道我的过错了，我愿意改正，否则，我还有什么脸面和你相见呢？"

由于魏徵处处为国家的利益着想，对皇帝的批评毫不客气，唐太宗对他既尊敬又畏惧。一天，唐太宗正在逗弄一只小鹞，看见魏徵走进来，怕魏徵责怪，急忙将鹞藏在怀中。魏徵装作没看见，向唐太宗奏事，故意拖延时间，等他离开的时候，鹞已经闷死了。

贞观五年（公元631年），权万纪、李仁发摸准了太宗的脾气，知道他不爱听拍马屁的话，就常常显出一种大义凛然的假象，以向唐太宗进谏的名义进谗言，攻击大臣，骗得了太宗的信任，使朝廷上下惶恐不安，朝臣们明知太宗被人蒙哄，但没有人敢去与太宗争论。

唯独魏徵无所畏惧，他上书说："权万纪、李仁发是小人，不识大体，以谮毁为是，告讦为直，凡被他们指责的都没有罪，陛下掩其所短，听信谗言，使他们的阴谋得逞，附上罔下，多行不义，还骗得刚正美名。他们诬陷房玄龄，斥退张亮，没有起到整肃激励的作用，白白地损害了陛下的圣明。朝廷内外，议论纷纷。我想陛下一定认为这两人深谋远虑，可作栋梁之材，用他们的无所避忌来警戒群臣。陛下切不可用小人谋害忠臣，这样群臣才没有虚诈行动；你相信小人只能使群臣离心离德，房玄龄、张亮尚不敢申辩，其余疏远的人，位置低的人，怎么避免他们的诬陷呢？自从你重用二人以来，他们没有为国家办一件好事，陛下即使无处选择好人来发扬圣德，也不能重用奸臣来损害自己的形象。"

魏徵言辞恳切，句句属实，使权万纪、李仁发的卑鄙伎俩一下子全部暴露了出来，同时也把太宗用人不当的错误毫不客气地指了出来。

太宗恍然大悟，对自己的错误做出了深刻的检讨，并欣然接受魏徵的意见，为表扬魏徵敢于进谏的行为，赏赐绢五百匹。对权万纪、李仁发的恶行进行了审判，按律把权万纪贬为连州司马，李仁发被罢官。

贞观六年，天下已趋于大治，群臣请太宗到泰山封禅，并称颂太宗功德，说现在举行封禅大典，已经太晚了。

魏徵认为不行。

太宗说："希望你直说，别隐讳。我的功绩不高吗？"

"高啊。"

"德行不厚吗？"

"厚啊。"

"天下没有治理好吗？"

"治理好了。"

"五谷不丰登吗？"

"五谷丰登。"

"那为什么不能封禅呢？"

"陛下功德虽高，百姓还没有记住您的恩惠；德行虽厚，恩泽还没有普施天下；华夏虽安，还不足以负担封禅费用；外族虽仰慕，还没有更多的东西来满足要求；吉兆虽出现，刑网还遍布天下；虽获几年丰收，粮仓还空虚。我认为不可封禅，比如有人患病十年，经治疗刚刚痊愈，仅剩皮包骨头，叫他背一石米，每天走一百里路，一定不行。隋乱不止十年，陛下是良医，虽解除了病痛，但还不充实。何况要到泰山，各国使者都要来参加，从长安一直到泰山，沼泽遍布，茫茫千里，人烟尽绝，鸡犬不闻，道路萧条，进退艰难。这不是把我们内部由战争造成的弱点显示给外人看吗？竭尽财力，不能满足外人的渴求；免除赋税，不能补偿老百姓的劳苦。如果碰上天灭，有人产生邪念，后悔就来不及了。"

太宗静听后，最后放弃了泰山封禅的劳民伤财之举，并称赞魏徵说得颇有道理。

魏徵在"忠臣"和"良臣"的区别上，有自己独特的见解。有人诬告魏徵包庇自己的亲属，太宗派温彦博调查，结果是假的。

温彦博说："魏徵不注意自己的行为，不避嫌疑，从而遭到诽谤，应该批评。"

太宗派温彦博批评了魏徵。

魏徵拜见太宗，说："我听说，君臣同心，是谓一体，怎么能为自己的名声而避嫌疑呢？如果人人都只要求明哲保身，国家的兴亡就很难料定了。"

太宗恍然大悟，说："我终于醒悟了。"

魏徵说："我希望做一个良臣，不希望做忠臣。"

太宗说："忠臣和良臣有什么区别。"

魏徵说："稷、契、咎陶是良臣，龙逢、比干是忠臣。良臣使自己有美名，使国君有显号，子孙传承，流祚无疆。忠臣，自己被诛，国君昏恶，国破家亡，只得到空名。这就是忠臣和良臣的区别。"

太宗说："非常正确。"

魏徵对唐太宗的不对之处敢于直言。

有一天，太宗问："我们的国家治理得如何？"

魏徵看到太宗有自满之意，回答说："陛下在贞观之初，引导人们提意见、建议。三年之间，见提意见、建议的人就高兴，并积极采纳。再过一两年，勉强接受意见、建议，但始终有不高兴的意思。"

太宗很吃惊，问："你凭什么证明这一点？"

魏徵说："陛下初即位时，判元律师死罪，孙伏伽认为按照法律不应该死罪，陛下将兰陵公主园赏赐给他，价值百万。有人说：'赏得太重。'陛下回答：'我刚即位，还没有提意见和建议的人，所以要重赏。'这就是引导人们提意见、建议。后来柳雄诉隋资案，调查下来是假的，要将他处死。戴胄说应只判徒刑。陛下对戴胄说：'如此坚定不移地依法办事，就不怕滥用刑罚了。'这就是高兴听取意见。最近皇甫德参上书说：'修洛阳宫是劳民，收地租是厚敛；社会上流行妇女挽高髻是从宫中学来的。'陛下很愤怒，说：'他是要国家不征一人服役，不收一颗地租，宫中人都不留头发才遂心意。'我奏道：'下臣上书，语言不激烈不能引起重视，语言激烈了，就接近讪谤。'这时，陛下虽然听取了我的意见，赏给帛绢而罢，但心里总是不高兴，这就是难以接受批评、建议了。"

太宗恍然大悟："不是你，没有人能给我说这样的话，人往往自己看不到自己的缺点。"

唐太宗曾说："贞观以前，跟随我平定天下，功劳要算房玄龄；贞观以后，纳忠谏，纠正我的错误，为国家长治久安，魏徵功劳最大；即使是古代的名臣，也超不过他们。"

他解下自己的佩刀，赐给二人。

魏徵给唐太宗提的建议，大多数被唐太宗采纳，魏徵成为中国历史上最著名的谏臣，贞观七年，升为侍中。尚书省有不能决断的事情，太宗命魏徵裁决。魏徵对法律不太熟悉，只要大体合情合理即可，人人悦服。之后，魏徵晋升为光禄大夫，封郑国公。

魏徵年老多病，要求辞职。

唐太宗说："你看到黄金在矿石里不足为贵，金匠把它冶炼出来制成器具，人们都当作宝贝。我好比金矿需要你这样的良匠加以磨砺。你虽有病，但还没有衰老，怎么能退休呢？"

魏徵再三请退，唐太宗留得更紧，将魏拜为知门下省事。

长孙皇后死后，葬在昭陵，太宗在宫苑中修高台，遥望昭陵，带魏徵一起登台。

魏徵看了很久说："臣眼昏花，看不见。"

太宗指示方向让魏徵看。

魏徵说："这是昭陵吗？"

太宗说："对，正是。"

魏徵说："臣以为是望献陵，如果是昭陵我早就看见了。"

太宗痛哭一场，命撤毁看台。原来，魏徵之话的意思是："臣只道陛下思慕太上皇，所以认为是望献陵。若是皇后的昭陵，早已看见了。"太宗一听魏徵说起父皇，心里感动，不觉泣下。想到自己不是思念先皇，而只是思念皇后，举动不妥，于是命人拆毁此观，不再登了。

贞观十七年（公元643年），魏徵病重，他家无正厅，太宗停建宫中一小殿，用其材为魏徵盖一正厅，五天完工，赐给素褥布被，彰其节俭作风。派中郎将驻魏府第，随时报告，传病情、药物、膳食，尽其所用，路上使者来往不绝。太宗亲自问病，到天黑才回。第二天早晨，魏徵去世，太宗亲往痛哭，罢朝五日。

魏徵少不得志，连投数主，不得其人，后成太宗政敌，太宗不计前嫌，一再提拔重用，成为大唐名臣，为贞观之治立下了不朽功勋。

第三节　安民、抚民

南北朝时期，北方战乱频繁，人民流离失所，人口大量死伤和逃亡，经济遭到严重的破坏。南北朝末期，北周相对统一了北方，生产有了恢复和发展；南方相对稳定，北方大量迁移和逃亡到南方的贵族、贫民，给南方经济注入了新活力，南方的开发和发展有了突破性进展。

隋文帝在南北经济都比较平稳、战争相对减少的情况下，和平地取得政权，在这个基础上建立起了隋王朝，加上隋文帝励精图治，注意节俭，反对奢靡，很快就集聚了大量的物质财富，史称"开皇之治"。

"开皇之治"的重要标志就是国家富裕，国力强盛，生产发展，经济繁荣，是汉代以来再一次出现的太平盛世。

在开皇24年中，较大的战争只有两次：一次统一江南的战争，这次战争几乎没有遇到抵抗，就一举统一了江南；一次是隋文帝远征高丽，无功而返。此外小的战争对国家影响不大。"开皇之治"的重要特点是战争较少，人民得以安居乐业，人民有很高的生产积极性；最好的标志是生产得到很大的发展，积累了大量的社会财富，人口增加到四千多万，劳动力的增加，更进一步促进了生产。

"开皇之治"的秘密是让人民得以安静，让他们专心致志地从事生产。封建社会的基础是农业，粮食就是财富，当仓库里堆满粮食的时候，隋王朝各方面的发展就有了经济基础。

然而，隋炀帝打破了隋朝的安静局面，使老百姓疲于奔命，战争频繁，徭役不断，开皇时期积累起来的大量财富很快消耗殆尽，国家和人民陷入水深火热之中，百姓大量的死亡和逃亡。隋末动乱造成了州县萧条的景象："黄河之北，则千里无烟；江淮之间，则鞠为茂草。""率土之众，百不存一。干戈未静，桑农咸废，凋弊之后，饥寒重切。"虽经过唐朝初期的治理，但社会经济凋敝还很严重，"自伊洛之东，暨乎海岱，崔莽巨泽，茫茫千里，人烟断绝，鸡犬不闻，道路萧条，进退艰阻。"人民生活在"危困"之中，挣扎在"死亡"线上，他们渴望休养生息的机会。

隋朝末年，天下大乱，所以在唐朝建立之初，本应实行安民治国之策。可是无奈当时群雄纷争，全国尚未统一，因此在高祖武德年间，唐朝的统治者们往往把目光致力于"削平区宇"，根本无暇将精力放在治理国家上面。

如果说李渊、李世民父子晋阳起兵建立大唐帝国之后，他们的主要历史任务是限于"削平区宇"。那么在玄武门之变后，唐太宗所面临的问题就是怎么使一个国家稳定团结，使之走得更为长远的问题了。

唐太宗登基后，唐王朝面临的是满目疮痍、民不聊生、人口大减的局面。

唐太宗治理天下的根本方针是休养生息、抚民以静。正如唐太宗所说："为国者要在安静。"又说："国家未安，百姓未抚，且当静以抚之。"

唐太宗是这样说的，也是这样做的。为了实施这一方针，他提出了"安人理国"的四项措施，即去奢省费，轻徭薄赋，选用廉吏，使民衣食有余。看来唐太宗抚民以静的中心内容是要在"国以民为本，民以衣食为本"的指导思想下，让百姓务农事本，发展社会生产，并以此作为安定和治理国家的基础。

我们从唐太宗的许多言论中，就可以体会到他的这种深远智慧，如他曾对近臣说："夫安人宁国，惟在于君。君无为则人乐，君多欲则人苦。"唐太宗爱惜民力，能够虚心接受大臣劝谏，停止一些不利于百姓的工程。在以农为本的封建社会，作为一国之君能认识到这一点并能够付诸实施，实在是难得。

唐太宗不仅重视抚民以静，在发展社会生产方面具有深邃的智慧和谋略，而且在其他方面，也显示出其独特的政治远见。

唐太宗即位之初，接受魏徵的建议，推行"偃武修文"的政策，大力发展学校教育，为封建国家培养了大批人才。而在此之前，隋炀帝也同样大举兴办过教育事业，可是各级学校"徒有名录，空度岁时"，均未能培养出"德为代范，才任国用"的人才，于是下令裁撤学校，使好不容易有了一定发展的学校教育又遭到严重打击和人为破坏。相对于隋炀帝而言，唐太宗"偃武修文"政策的贯彻无疑是成功的。唐太宗不仅坚持发展学校教育，而且注意改革学校教育体制，最终使得天下儒士抱典负笈，云集京师，形成一时盛况。

在发展教育的同时，唐太宗又令大臣制礼作乐，并以之辅佐刑法，使唐代法律体系表现出与过去各朝代明显的不同。可以说这些成就的取得，与唐太宗的运筹帷幄、深谋远虑是分不开的。

唐太宗李世民遇大事不惊慌、鲁莽，更不轻下决断，总是把眼光放得很长远，因此才能成就贞观盛世的丰功伟绩。用唐太宗自己的话来说，就是"行事若非深知灼见，不可草率举行"。这正是唐太宗成功的秘诀之一。

以抚民、安民为主的国策是根据唐初的形势而制定的，其主要的内容是安抚百姓和重视农业。

武德九年（公元626年）十月，唐太宗即位才两个月，就主持了"自古理政德失"的辩论。

唐太宗说："大乱之后，在短时间内不可能天下大治。"

魏徵说："不然，人在困难危急之时，担忧的是死亡，希望天下大治就容易教化。乱后易教，如饥人易食。"

太宗说："贤明的人治理国家也要上百年，才能使凶暴者改恶从善，废除刑杀。现在大乱刚刚结束，就想达到天下大治，我不敢有此奢望。"

魏徵说："那是平常的人，不包括英明君主。英明君主施行教化，上下同心，人民积极响应，一年就可以办到，三年成功，就算太晚了。"

太宗很赞成魏徵的说法。

封德彝说："夏、商、周三代以后，人越来越坏，秦朝使用刑法，汉杂霸道，他们要想民风纯正而不能。现在皇上如听魏徵的话，国家恐怕就要败乱了。"

魏徵针锋相对，说："五帝三王，并没有更换人民，实行无为而治成就了王业，实行仁义道德成就了帝业。在于当时国君的治理和教化。黄帝与蚩尤打了七十多仗，乱到极点，胜利后，马上就是太平盛世。九黎乱德，颛顼征之，既克之后，不失其理。桀为乱虐，商汤放之，在汤之时，即现太平。纣为无道，武王伐之，成王之时，亦致太平。如果说人越来越坏，到现在都变成了鬼魅了？怎么还可以施教化呢？"

封德彝无言以对。

抚民以静，是天下大治的先决条件。汉初文景时代的"无为而治"就是让民休养生息，才出现了"文景之治"。武德年间忙于统一战争尚不能让民休息。武德九年八月，突厥可汗兵临渭水，唐太宗以政治家和军事家的气度，和颉利可汗立渭桥之盟。当时如果要打，突厥不一定得到什么好处。

唐太宗认为："我刚即位，治理国家需要安静。国家未安，百姓未富，应该让他们安静，使之富起来。"不进行对外战争，以减少兵役的负担。

武德九年十一月，唐太宗与群臣讨论"止盗"，有人主张重刑。

太宗嘲笑道："老百姓之所以为盗，是由于赋繁役重，官吏贪求，饥寒其身，所以不顾廉耻。我要去奢省费，轻徭薄赋，选用廉吏，使民衣食有余，自然不为盗，用不着重刑。"

贞观元年（公元627年），唐太宗对大臣们说："为君之道，必须先存百姓，如损百姓奉其身，犹割股以啖腹，腹饱而身毙。若安天下，必须先正其身，未有身正而影曲，上理而下乱者。我常想，伤身的不在外物，都是由嗜欲造成的祸患，若沉溺于佳肴美味，歌舞美女，想得到的越多，损失就越大，既妨碍国家，又侵扰百姓。"

贞观二年（公元628年），太宗对大臣们说："凡事皆须务本：国以人为本，人以衣食为本。凡营衣食，以不失时为本，要使不失时，只有国君简易宁静才行。如兵戈屡动，土木不息，想要不夺农时是不可能的。"

王珪说："秦皇、汉武，外则穷兵黩武，内则崇侈宫室，人力既尽，祸难遂兴，他们不是不想天下安定，而是失掉了安定天下的政策。隋朝的教训，应引以为戒，这是陛下亲身经历，知道怎样去改变它。但是开始容易，要坚持就难了，但愿陛下慎终如始，方尽其美。"

太宗说："对，国家安宁与否，取决于国君，国君无为则人民乐，国君多欲则人民苦，我要抑情损欲，克己自励。"

到了贞观九年（公元635年），太宗对大臣们说："初平京师，宫中美女珍玩，无院不满。炀帝还嫌不足，征求不止，东征西讨，穷兵黩武，百姓不堪忍受，所以就灭亡了。这些都是我亲眼看见的，所以夙夜孜孜，惟欲清静，使天下无事。徭役不兴，年谷丰稔，百姓安乐。治国犹如栽树，本根不摇，枝叶茂盛，君能清静，老百姓怎么不得安乐呢？"

唐太宗就是这样，把安抚百姓作为大治天下的先决条件，常抓不懈，念念不忘。

民为邦本和静为农本是太平盛世的根本条件。

贞观二年，太宗又提出以农为本的重要思想，老百姓的生活，与君主命运息息相关。"有道则推而为主，无道则弃而不用"。

贞观十六年（公元642年），太宗对大臣们说："国以民为本；人以食为命。我为天下人父母，如庄稼歉收，人民就非国家所有。现在粮食丰收，只能勤俭节约，一定不能奢侈。我常赏赐天下的人，使他们富贵；下令省徭薄赋，不夺其时，使家家户户都去耕种，就能够富足；教育他们学会礼节和谦让，使乡间之间，少敬长、妻敬夫，这就是高贵。只要天下都这样，我不听音乐，不去打猎，乐在其中了。"

唐太宗"唯思稼穑之艰，不以珠玑为宝"。

为了贯彻以农为本的思想，贞观二年，他曾对地方官说："日昃忘食，未明求衣，晓夜孜孜，唯以安养为虑。"

贞观三年（公元629年）四月下诏："自登九五，不许横役一人，唯冀遐迩休息，得将存养。"

贞观五年（公元631年）十二月，唐太宗说："治国与养病无异，病人觉愈，弥须将护，若有触犯，必至殒命。"

唐太宗就是这样时时提醒自己，念念不忘"与民休息"。

身为一朝天子，唐太宗善于为百姓着想。有一次，唐太宗对黄门侍郎王珪说："隋文帝开皇十四年，关中大旱，城中百姓饥饿困乏。而当时的国家粮仓却是堆得满满的，隋文帝非但不允许开仓救济，还把百姓赶到别的地方去逃荒。隋文帝爱粮却不爱民，这其实是害民之举啊。"的确，到隋文帝的晚年时，国家的储积粮食已经可以供给全国食用五六十年了。

接着，太宗又说："而隋炀帝仗恃这样的富裕，豪华奢侈，荒淫无道，怎能不灭亡。父子二人丧失国家都有着不可推卸的责任。要治理好国家，仅想着装满朝廷的仓库，而不积蓄于民又有什么用呢？常言道：百姓的用度不够，国君的用度必然不够！其实，仓库的储粮只要能够防备荒年，又何必劳烦储蓄呢？"看来唐太宗做事情的确是十分重视顺应民心。

太宗还曾对侍臣说道："大禹开凿九山，疏通九江，耗费人力巨大，却没有人痛恨埋怨；而秦始皇营造宫室，人们纷纷指责批评，这是为什么？我想原因就是在于，前者符合了百姓的心愿，顺从了天意，而后者则是为了满足他的私欲，不跟民心一致的缘故吧。自古以来帝王凡是要兴建工程，必须重视顺应民心。所以，当我材料都已备齐准备修造一座宫殿时，突然有人提醒朕不要犯秦始皇一样的错误，于是朕立即停止了宫殿的修造，因为朕知道凡是不得民心之举，都是违背天意、大逆不道的。"

贞观四年（公元630年），太宗对侍臣说道："扩建修饰宫殿屋宇，游玩观赏池台，这是帝王所希望的，而不为百姓所希望。帝王所希望的是骄奢淫逸，百姓所不希望的是劳累疲敝。孔子有一句可以终身实行的话，恐怕就是仁恕之道吧！自己所不情愿做的事，不要施加给别人。劳累疲敝的事，确实不能施加给百姓。我居于帝王的尊位，富有天下，处理事情都设身处地，真诚地节制自己的欲望，不做百姓不希望做的事情，就一定能够顺应民情。"

有一次在与侍臣的谈话中，太宗还运用了生动的比喻论述了对天下百姓实行仁义的重要。他说："树林茂密鸟就栖息，水面宽阔鱼就游动，仁义积聚百姓自然归顺。人们都知道灾害可怕，因而畏惧、躲避，但却不知道实行仁义灾害就不会产生。仁义之道，应当记在心里，使它继续发展下去，如有片刻的松懈怠慢，离仁义就已经远了。犹如饮食供养身体，常使肚子吃饱，才能够保其生命。"身边的大臣王珪听了这些话后，连忙叩头说："陛下能通晓此理，实在是天下百姓的福气啊！"

太宗不只把这些话放在嘴上说说，现实生活中他也按照这些话去做的。大到行军打仗，小到娶婚论嫁，他都是从不扰民，不害民，不强加于民，真正做到了以民为本的治理天下。

如贞观二年（公元628年），隋朝通事舍人郑仁基有一女，此女容貌美丽，堪称万里挑一的绝代佳人。文德皇后访寻到后，把其留在后宫，作为妃嫔。太宗看重此女，封她为充华，发出诏书，准备嫁娶。此时，虽然诏书已经是发出了，但是手拿册封的使者还尚未出发。

魏徵听说了这件事后，他非常着急，因为这个女子已经许配给陆爽，怎么能再嫁给太宗呢？于是他急忙进宫见太宗。

太宗问他为何这样匆匆忙忙，他说："陛下身为百姓的衣食父母，常常说要抚爱百姓，应以百姓的忧虑为忧，以百姓的欢乐为乐。并且自古以来，有道德的君主都是把百姓的心愿作为自己的心愿。君主住楼台亭榭，就想到百姓应有房屋安身；君主吃着美味佳肴，就想到百姓应该没有饥寒交迫的担忧；眷顾妃嫔之时，就要想到百姓也有娶妻成家的欢乐。这些都是国之君主应当经常想到的道义。"

太宗回答："对啊，魏大夫说这些做何？"

魏徵说道："微臣听说郑氏的女儿在很久以前就已经许配给了别人，而陛下聘娶她也没有询问细节便匆匆行事，这事要传到全国各地，这国君之道义岂不是成了一句空话了吗？虽然微臣对此事细节还不太清楚，但是身为陛下的辅佐，对君王的一举一动，都要记录下来，万一因此事损害了圣上的美德，臣岂不是玩忽职守，没有尽到臣下应该尽的职责。所以，臣不敢隐瞒事情，还请陛下三思而后行。"

太宗听了魏徵的话，非常吃惊，同时也非常后悔。他后悔当初做事考虑不仔细，匆匆忙忙地就下了决定。他在深深地自责的同时，亲自写诏书，要求停止派遣册封的使者的行动，并下令将郑氏女送还给她的旧夫。

这时，左仆射房玄龄、中书令温彦博、礼部尚书王珪、御史大夫韦挺等人说道："郑氏女到底是否许配给陆家，谁都没有确切的证据，谁都无从晓得，怎么能说是强娶呢？再说隆重的礼仪既然举行，怎么能中途停止。"

太宗认为此事虽小，但意义重大，它直接影响到皇帝在民众中的形象，为了慎重起见，他把陆爽本人召上殿来亲自问话。

陆爽说道："我的父亲陆康在世时，与郑家来往，有时互相馈赠资财，当初没有婚姻交涉。外人因不知道实情，妄自猜想，便传出了这种说法。"左右大臣们再次劝太宗娶郑女。可是太宗还很犹豫，他没有匆忙决定。他觉得陆爽的话里好像总有些什么问题，好像有意在回避些什么。于是，他又招来魏徵，想听一听他的意见。

魏徵笑道："陛下这回果然是考虑周全了，没有贸然行事。"

太宗满是狐疑地问："如果说那些大臣们劝我聘此女是顺从旨意的话，那么陆爽为什么也要这样说呢？"

魏徵答道："依微臣之见，陆爽是把陛下等同于太上皇了。"太宗说："此话怎讲？"魏徵说："当初太上皇刚平定京城的时候，相中辛处俭的妻子，萌生爱意。辛处俭当时任太子舍人。太上皇听说此事后，很不高兴，他下令把辛处俭调出东宫任万年县令。辛处俭丢了妻子不说，还常怀恐惧之心，担心头颅不保。现在，陆爽也一定认为，陛下虽然今天宽容了他，成就了他，但日后唯恐暗加谴责贬官，所以才再三表白，强调与此女并无瓜葛。臣想他的本意可能就在这里。"魏徵果然厉害，他一语道破了太宗心中的谜。太宗笑着说："看来，天下人不了解朕的居多啊，大丈夫一言既出，驷马难追，何况是朕？好，我要让天下人看看，朕到底是一个什么样的人。"

于是他立即发出诏书，诏书中说："现听说郑氏之女，过去已经接受别人礼聘，先前发出诏书的时候，因对此事没有详经核查，这是我的疏忽，也是有关官署的过失。授充华的计划从今起停止执行。"此诏书一下，很快这件事便传遍了天下，人们纷纷称颂太宗的仁爱、贤明，以君治国之道。

"水能载船，也能翻船。百姓好比是水，皇帝好比是船。"这些话说明唐太宗已经认识到了人民的强大力量，认识到要巩固自己的统治，必须爱护百姓，使社会安宁。

唐朝初年，由于连年战争，全国的民户还不到300万，只有隋朝的三分之一。从洛阳到山东几千里土地上，人烟稀少，满目荒凉。再加上灾荒不断，社会经济十分萧条。唐太宗虽然出身于大贵族家庭，但是他亲身参加了推翻隋朝的斗争,他亲眼看到强大的隋王朝被造反的农民推翻了。所以,他当了皇帝,总是不忘隋朝灭亡的教训。他经常对他的儿子说:"一个皇帝,要是按正道办事,百姓就拥护他;如果他不行正道,百姓就推翻他,这实在可怕啊!"

正是由于唐太宗以民为本、爱民如子,才开创了流传后世的贞观盛世。

第四节 重农政策

"国家未安,百姓未抚,且当静以抚之"。唐太宗李世民心怀大志,为了使国家长治久安,在制定"抚民"的国策后,唐太宗又采取了多方面的发展生产、恢复经济的安民措施,其中以重农措施尤为得力,同时"去奢省费,轻徭薄赋,选用廉吏,使民衣食有余"。这些都充分显示了他作为一代帝王深邃的智慧与谋略。

"仓廪实然后知礼节",任何一个统治者,都会着力解决他的子民吃饭穿衣问题。唐太宗当上了皇帝,能够在十数年间解决民众吃饭穿衣的问题,"斗米数钱",创造了中国历史上的一个奇迹!

要使百姓安静下来,必先解决百姓的衣食,要衣食无忧,必须让人民有田可种。贞观三年(公元629年)四月,在《赐孝义高年粟帛诏》中说:"自登九五,不许横役一人,唯冀遐迩休息,得相存养。"贞观八年,又指出:"朕有天下以来,存心抚养,无有所科差,人人皆得营生，守其资财，即朕所赐。"从这些话里，可以窥见唐太宗是注意贯彻静为农本思想的。他不仅规定了以"静"为特征的施政方针，而且采取具体措施加以落实。

唐太宗的重农政策择其要者有以下几点：

1. 推行均田，奖励垦荒。

隋末的大乱，割据势力互相攻伐，十人中有八九人因战争而死去。豪杰四起，草莽巨寇趁火打劫，弄得一片萧条，人们为躲避战乱而流离失所，田地荒芜，出现了"白骨露于野，千里无鸡鸣"的荒凉景象。人口的急剧减少和大量空荒地为实行均田制提供了前提条件。武德七年四月，唐高祖颁布均田令，规定："丁男、中男给田一顷……所授之田，十分之二为世业，十分之八为口分。世业之田，身死则承户者便授之；口分，则收入官，分给其他人。"这种按人口分配土地的办法，在一定程度上限制了士族、豪强对土地的垄断。但是，武德七、八、九年间，皇室内讧激烈，均田令虽然已经颁布，但并未认真贯彻。直到朝廷内乱结束，唐太宗即位之后，才开始切实地推行均田制。但是，在地主土地私有制的情况下，所谓"均天下之田"是不可能彻底实行的。因为官僚贵族、地主占有大量土地，使得政府缺乏足够的土地分给农民。诚如元代马端临所说："似所种者皆荒闲无主之田……固非尽夺富者之田，以予贫人也。"所以，在空荒地较少的地区，农民群众往往得不到法定的百亩，而富人却有千亩以上的土地，这种贫富不均的现象在土地私有制的情况下是永远也无法解决的。

贞观十一年（公元637年）七月二十日，太宗下诏：将明德宫和飞山宫的玄圃院，分给遭水灾的农民。贞观元年，关中旱灾，粮食歉收，组织农民到外地"分房就食"。

贞观二年（公元628年），唐太宗提出："安置客口，官人支配得所，并令考司录为功最。"希望地方官"善相劝勉"。所谓"客口"，就是迁居客地附籍的客户。其中有灾民、流民，也有部分自耕农，他们迁居的地方主要是宽乡。

贞观十一年（公元637年），新颁布的《唐律》规定，宽乡占田逾限不作违反律令论处，移民垦荒可以得到减免租税的优待。据后来编纂的《唐律疏议》卷十三解释："若占于宽闲之处不坐。谓计口受足以外，仍有剩田，务从垦辟，庶尽地利，故所占虽多，律不与罪。"如果"人居狭乡，乐迁就宽乡"的，可以免除赋役负担："去本居千里外，复三年；五百里外，复二年；三百里外，复一年。"官员不按赋役令执行，要受"徒二年"的刑律处分。这些措施清楚地反映了唐初统治者鼓励农民移居宽乡垦荒的意愿。

贞观十八年（公元644年）二月，唐太宗巡视灵口后，"诏雍州录尤少田者，给复移之宽乡。"以上证明，推行均田制的重点在于宽乡占田，奖励垦荒。

2. 租庸调法与"轻徭薄赋"。

唐初赋役称为租庸调法，收取赋役的标准初定于武德二年二月，其中有很多内容不太合理，于是在武德七年四月重新修订，简单说就是分到土地的农户每年交纳粟二石，叫作租。服役（不论是何种徭役）二十日，如果不想服役，可以用交丝绸来代替服役，一天交丝绸三尺，二十天共计六丈，叫作庸。纳丝绸二丈，外加丝绵三两；或者纳麻布二丈五尺，另加麻三斤，叫作调。

唐太宗登基以后，大力贯彻静以抚民的政策，国家很少再发动战争，很少做一些劳民伤财又不利于发展经济的事情。很少再征徭役，于是放宽了直接生产者服徭役的年龄，也可以用别的物件抵徭役。但服庸役却非常严格，说白了就是大力发展生产，国家不但鼓励而且通过法律强行发展农业。唐太宗即位以后，对租庸调法没有作过重大的更改或调整，只不过加大了贯彻力度，尽力使法令下达到最底层。

实际上，唐初能够减免的租赋是很有限的，因为当时"国库犹虚"，国家的运作需要大量的粮食，所以说当时的物质条件并不充裕。因此，"贞观之治"的主要内容不是减免租赋，而是防止滥征民力，反对影响农时的劳役。

唐初统治者目睹了隋亡的全过程。统治者永无止境的私欲，无穷无尽的徭役让人民疲于奔命，苦不堪言，才纷纷揭竿而起，隋朝很快就步秦王朝的后尘，灰飞烟灭，历史是多么相似。对于这些历史的教训，唐太宗也不希望重蹈覆辙，做事尽量去奢省费，躬行节俭。

贞观元年，唐太宗对大臣说："自古帝王凡有兴造，必须顺乎民情。"

贞观四年（公元630年），太宗又对大臣们说："崇饰宫宇，游赏池台，帝王之所欲，百姓之所不欲……劳敝之事，诚不可施于百姓。"古人云："不作无益害有益。"人如果纵欲，其心必乱，心乱则志丧，然则危亡之期马上就会到来。唐太宗减少了农民群众的"劳弊之事"，这就意味着农民在自己土地上的劳动时间相对地增多，势必提高了生产积极性。唐太宗还下令："自王公以下，第宅、车服、婚嫁、丧葬，准品秩不合服用者，宜一切禁断。"太宗在贞观时期一直保持这种作风，使得社会风气比较淳朴，国力随之增强。

在限制徭役方面，唐太宗做得还是比较到位，为了能彻底执行，太宗甚至还运用了《唐律》，如果不执行或执行不到位，就受到刑法惩处。《唐律疏议》卷十六规定："修城郭、筑堤防，兴起人功，有所营造，依《营缮令》，计人功多少，申尚书省，听报始合役功。或不言上及不待报，各计所役人庸，坐赃论减一等。"这样的处罚用意显然是在防止滥用人力。

3. 劝课农桑，不夺农时。

劝课农桑是鼓励人民积极从事生产，使经济得到发展。唐太宗不但经常遣使到各地巡视，还恢复了被废弃的籍田仪式。颁布《籍田诏》，预作准备，皇帝亲耕。据《旧唐书·礼仪志》载：

"太宗贞观三年正月，亲祭先农，躬御耒耜，籍于千亩之甸……此礼久废，而今始行之，观者莫不骇跃。"

天子亲耕籍田本是古代帝王一直相传的仪式，但由于后来的帝王不重视农业，从东晋起，便没有再举行过这种仪式。唐太宗这种举措，显然是想提倡农耕。所以他对那些游手好闲，不事生产的人非常痛恨，他曾经下令惩治这些人。贞观四年，他对诸州考使说："国以民为本，人以食为命，若禾黍不登，则兆庶非国家所有。"为此，他自己在园苑里种了几亩庄稼，有时锄草不到半亩，就感到非常疲乏。他通过亲耕尝试到了劳作的辛苦，曾经发出过这样的感叹："以此思之，劳可知矣。农夫实甚辛苦。"这是发自他内心的感受。他派人到各州县去体察民情，对派去的人说："遣官人就田陇间劝励，不得令有送迎。若迎送往还，多废农业，若此劝农，不如不去。"

贞观二年（公元628年），京城大旱，招来了铺天盖地的蝗虫。太宗来到禁苑，看到那里的庄稼已经被蝗虫吃得所剩无几，他随手抓起一只蝗虫祝告说："百姓辛辛苦苦种的粮食全让你们吃了，你们这是在坑害百姓。你们可知道你们这是在要天下百姓的命啊。百姓没有过错，如果要有过错，责任也都在我，你们如果要是有灵性，只该吃我的心，而不要伤害百姓。"祝告完毕，张嘴就要吞下蝗虫，身边的大臣急忙劝说："皇上，别吃，吃下去要生病的。"太宗说道："如果能以我的病痛换回百姓的粮食，我也就安心了。"说着，他就把蝗虫吞了下去。太宗的举动显示出他的忧民之心。

唐太宗十分强调不违农时。因为灾荒不是年年都有。所以唐太宗对有违农时的事情，一概以农时为主，其余事情酌情调到另外时间去做，他认为农时一失不再来。例如，贞观五年，就发生过与农时相冲突的事件。按阴阳家的说法："皇太子将行冠礼，宜用二月为吉，请追兵以备仪注。"太宗以为二月正是春耕大忙季节，太子举行冠礼会影响春耕，于是把太子的冠礼改在了十月，十月秋收已经完毕，足见他对不违农时的重视。

为了保证农业生产的顺利进行，不耽误农时，唐太宗还运用法律手段来保证这项措施的贯彻。《唐律》中指出"诸非法兴造及杂徭役，十庸以上坐赃论"。《疏议》解释："非法兴造，谓法令无文。虽则有文，非时兴造亦是。若作池亭宾馆之属及杂徭役，谓非时科唤丁夫，驱使十庸以上，坐赃论。"这里，所谓"非时兴造"，就是农忙时候动工，违反农时，所以被视为"非法"，这项法令旨在杜绝官吏在农忙时动用民力。体现了唐太宗"不夺农时"与民休息的思想。

4.兴修水利。

水利是农业的命脉，要想发展农业，就必须重视水利工程建设。唐朝设有专管水利的机构。工部下设有水部司，主要负责人是水部郎中与员外郎，他们控制着天下江河治理与疏通，凡疏导沟道，加筑河坝，船运灌溉等事，皆由水部司掌管。京师还设有都水监，长官称都水使者，掌管京师地区河道疏通与农业灌溉等事宜。此外，还专门制定了水利与水运的法律，即《水部式》，用法律保护江河与堤防的合理使用。《水式部》里的规定在《唐律》里都有规定，所以凡是违反《水部式》规定的失职官员，唐太宗命令务必惩处。如贞观十八年，太常卿韦挺负责由水路把粮食运到辽东，河道早已堵塞，船只根本不能前进，他事先没有视察河道，致使六百余艘粮船因河道有问题而停在了半道上。第二年正月，"韦挺以坐不先行视漕渠"的罪名，被逮捕后押送到洛阳，削去官职。

因为太宗很重视水利工程的建设，每有水旱灾年，太宗都自责是没有尽力兴修水利，如贞观十一年（公元637年）七月，洛水暴涨，淹没好多田地，还有很多人溺死在水中。唐太宗下诏自责说："暴雨成灾，大水泛滥，静思厥咎，朕甚惧焉。"同年九月，黄河泛滥，很多地方都被淹没，大片的良田眨眼之间全变成了沙滩。在唐太宗的亲自督促与倡导下，各地官员都纷纷兴修水利。沧州（今河北沧州东南）刺史薛大鼎，在兴修水利方面成就最大，他组织群众先后疏通了无棣渠、长芦河、漳河和衡河，使沧州免除了水害威胁，庄稼又能得到及时的灌溉，水上交通也得到了开发，各地的粮食能够在短时间内互相转运。扬州

（今江苏扬州）大都督府长史李袭誉，引雷陂水，修筑池塘，能够灌溉的土地达800余顷，"百姓获其利"。这一时期，全国各地修建了很多农业灌溉工程。例如，元伯武修建的弘农渠；陕州武侯将军丘行恭修建了利人渠；刺史薛万彻修建了渫水渠；龙门县县令长孙恕修建了十石垆渠；太原长史李勣修建了晋渠、文水县栅城渠等。仅泉州莆田县（今福建莆田）在贞观时期就兴修了诸泉塘、沥浔塘、永丰塘、横塘、颉洋塘、回清塘等多处水利工程。贞观年间，兴修的水利工程多达二十多处。为农业的发展打下了坚实的基础，经济很快就得到了恢复。在当时，粮食是一个国家的支柱，经济的发展也是用农业发展的高低来衡量的。所以说是水利促进了农业的发展，农业的发展带动了唐朝经济的发展，才出现了贞观时期的盛世景象。

5.设置义仓，救灾备荒。

"天行有常，不以尧存，不以桀亡。"设置义仓，是一项取之于民、用之于民的措施，这种仓储制度，古已有之。由官府强制性征收，遇到灾年，用来赈济灾民，或者贷给贫民做种子，秋季收获后归还。

设置义仓这种制度的本意是好的，但在执行过程中却往往不能收到很好的效果。例如，隋文帝时也曾创设社仓，储粮以备灾荒。但灾荒之年又不赈济灾民，令人民流离失所。炀帝即位后，由于大肆地挥霍，国库空虚，不足以承受开支，炀帝就取社仓之储以充费用，致使仓粮耗尽，无法发挥储粮赈灾的作用。唐高祖时由于政局不稳，还没来得及恢复这一制度。

贞观二年（公元628年）春，戴胄建议："丧乱之后，户口锐减，每年租米，不实仓廪，收入和支出当年可以平衡。若遇灾荒，就拿不出粮食来救济。"他根据隋文帝办社仓的经验，建议："每年秋收，计算田亩，抽取一定数量的粮食，建立义仓。如遇荒年，百姓饥馑，所在州县给以救济。"

唐太宗同意。四月，下诏天下州皆置义仓。规定每州每县都必须设置义仓，每亩地征收义粮两升，粟、麦、稻随产而定。商人或者没有田地的人，对他们的资产进行评估，评估之后分为九个等级，资产最少的交粮五斗，最多的交五石。如果收成不好，减产四成的人家只交一升，减产七成的人家不用交粮。下下户及少数民族不用交纳。而且义仓是不能随便动用的，也不能充作其他方面的费用。至于后来义仓征收演变为地税，那是太宗子孙们的事，是和太宗设置义仓的本意相违背的。

太宗不但设置义仓，还在武德九年九月下令设置常平仓，常平仓是用来抑制物价上涨的。例如，物价上涨，太宗就命人把常平仓的物品抛售出去；等到丰年物价下跌的时候，太宗又命人大量收购各种过剩物品，使价格不至于下跌太多。最主要的作用是平衡粮价，以免粮价的波动伤农。常平仓设置有常平监官，专管调节物价。贞观十三年（公元639年），太宗下诏在洺、相、幽、徐、齐、并、秦、蒲等州，设置常平仓。这一做法有抑制或减缓商人乱抬物价的作用，在一定程度上可以起到保护生产者的作用。

6. 奖励婚嫁，增殖人口。

据说昔日苏联西伯利亚，男女青年结婚，领导祝贺的话是："赶快生孩子吧！我们需要劳动力。"妇女如生了10个孩子，就称为英雄母亲，政府予以特殊津贴，这和贞观时期的人口政策相似。

隋朝末年，兵荒马乱，战死的青壮年十有六七，邻国的掠夺，天灾人祸致使人口锐减。武德年间不及隋朝最多时户数的四分之一。要想发展农业生产，就必须有足够的劳动力，而当时人口稀少则是不利的条件。但就全国范围来说，如魏徵指出，从伊、洛以东，直至泰山，还是"人烟断绝，鸡犬不闻"的荒凉状况。当时人口之少是可以想象得到的。唐太宗即位后，采取了几项增加人口的措施。

首先，奖励婚嫁，鼓励生育。唐太宗早在贞观元年就颁布了劝励婚嫁的诏书，规定男子20岁，女子15岁为法定的婚配年龄。凡鳏夫、寡妇丧期已过，允许再次婚嫁。为了保证达到法定婚配年龄的男女能及时成婚，太宗曾经下诏，对于因贫穷不能嫁娶者，乡里亲戚或富有之家要对其资助。贞观年间有一条关于增殖人口的措施，就是在考核地方官员政绩的时候，把户口增加和婚嫁是否及时，列为考核的标准之一。凡能使婚姻及时，鳏寡数少，户口增加的，考为上等；"劝导乖方，失于配偶，准户减少"的，以过失论处。他还对生育男口者进行奖励。贞观三年，下诏规定：妇女生男孩者，予以奖励。

其次，赎回外流人口。因隋末战乱，不少汉人逃到突厥境内。而且突厥每次入侵都要抢掠大量人口。太宗即位后，采取鼓励外流人口返乡和以金帛赎买的办法，从周边少数民族地区招回了大量人口。如贞观三年（公元629年），据户部统计，塞外归附及突厥内附的人口共达120余万口。四年，太宗"以金帛购因隋乱没入突厥者男女八万人，尽还其家属"。此外，把依附于唐朝的少数民族人，内迁境内，设置州县，让他们改变生产方式，从事农业。如贞观四年（公元630年），就把党项羌前后归附者30万口迁入境内，设州县管理。以后还陆续赎回了不少被薛延陀掠去的室韦、乌罗护等部族人。

再次，释放宫女，令其婚配。唐太宗即位初期，曾两次大规模释放宫女。一次在武德九年八月，共释放了3000余人；另一次是在贞观二年九月，派遣戴胄、杜正伦等于掖庭西门释放宫女。太宗本人曾说过，"数年来又放宫人三五千人出"。说明这次释放人数也不少。释放宫女的目的，一是为了避免虚费衣食，节约费用。二是为了"任从婚娶"，建立家庭，生儿育女。这也是增殖人口的具体办法之一。

贞观二十三年（公元649年），全国户口总数达到380万户，比武德时期增加了180万户。在这个基础上，唐代人口继续增加，到开元天宝年间，增加到840万户，人口5300万人。据史学家估计，唐代有很多黑人黑户（政府没有统计到的游击户口），加上这些，开元天宝年间的人口在7000万人以上，贞观时期的人口应该在3000多万至4000万之间，但还赶不上隋朝人口极盛时期的人口。

上述措施，以往的封建王朝也曾执行过，为什么只有唐初收效最为显著呢？这与唐太宗的治国思想有莫大的关系，唐太宗能够以隋亡于扰民废业为鉴，警惕自己务必"抚民以静"。而且他能够让地方大力执行，不加干扰，贯彻得非常坚决。

唐太宗的抚民和重农措施取得了明显的效果。

贞观初年，唐朝形势非常严峻，内忧外患。贞观元年，关中大饥，斗米值绢一匹；贞观二年，全国遭灾；五年又遭受水灾。

太宗君臣勤政爱民，尽力救抚，老百姓虽然没有东西就食，未曾嗟怨。

贞观四年（公元630年），粮食大丰收，流散的人口纷纷归家，斗米不过三四钱，东到大海，南到五岭，道不拾遗，夜不闭户，马牛遍野，人行千里不带粮食。

贞观六、七年间，风调雨顺，连年丰收。太宗对贪官污吏深恶痛绝，如有徇私枉法者，严惩不贷，在京城内外贪赃枉法的人都受到惩罚，官吏多清正廉洁。监狱里，经常没有犯人。从山东到沧海，有客经过，得到很好的招待，出发时还要赠送东西。

贞观十五年（公元641年），斗米值两个铜钱；贞观十六年（公元642年），太宗把斗米定价为五个铜钱，最便宜的地方，只值三个铜钱。

宋代诗人范成大叹息自己生不逢时，战乱不休，人民生活困难，追忆先辈的太平盛世，不禁想起了贞观之治，作诗说："汝生不及贞观中，斗粟数钱无兵戎。"他把贞观之治，特别是贞观时期的经济发展及人民的幸福生活作为向往的目标。在漫长的封建社会里，贞观之治的确是"前无古人，后无来者"，也可算是小康社会吧。

唐太宗切实推行抚民、重农政策，为"贞观之治"奠定了坚实的物质基础。

第五节　三省六部

为了加强中央与地方的关系，唐太宗改革官制，革除旧弊。

纵观中国古代历史，凡是改朝换代之初，统治者总要进行一次革新运动。其规模的大小、改革力度、对社会实际问题的认识程度，以及对改革的调控能力等，直接决定着改革的成功与否。

隋文帝杨坚逼周静帝退位，建立隋朝后，他在政治、经济、军事、文化、法律等众多领域进行了一系列改革，使得中国社会在经历了东汉末年以来的动荡之后，开始从战乱走向了平稳，隋文帝统治的开皇时期也因此备受史家赞誉，称之为"开皇之治"。

不过，这种"开皇之治"如果能坚持下去的话，隋朝也就不会灭亡了。原因就在于隋文帝没有把这种改革继续作为一种长期的治国方针坚持下去，最终使得改革成果不断遭到破坏。到了隋炀帝时期，隋朝政治、经济乃至文化等方面均陷入混乱状态，隋朝也在农民起义的打击下而灭亡了。

玄武门之变，李世民登上皇帝宝座之后，由于他目睹了隋朝整个的灭亡过程，同时深刻地感悟到隋朝之所以短暂而亡，就是因为君主昏庸，且政治体制中存在着种种的弊政。所以，太宗在即位之初，便决定制定出一套顺应社会发展实际需要的改革方针，以维护李唐王朝的江山社稷。

基于这种思想的考虑，唐太宗推行了一套自己的改革制度。

首先，唐太宗对魏晋以来形成的三省制度进行了适当的改革，对三省的职权及其相互制约关系做出了明确规定，创建了中国历史上新的宰相制度，从而进一步加强了君权，铲除了国家权力机关的种种弊端，使得宰相制度愈加完善。

唐太宗确定的三省中，尚书省是执行政令的最高行政机关，下属吏、户、礼、兵、刑、工六部。因唐太宗曾担任过尚书令，所以尚书左、右仆射便成为尚书省最高长官。尚书省由唐太宗非常信任的房玄龄、杜如晦二人领导，史称"玄龄善谋，如晦能断故也。二人深相投合，同心为国出力，故唐世称贤相，推房、杜焉。"

三省中的另外两省，即中书省和门下省。中书省负责取旨制定政策，中书令为最高长官，下属中书舍人若干，负责进奉章表，草拟诏敕策命，即所谓"中书出诏令"；门下省主管封驳审议，最高长官是侍中，下属给事中若干，负责对中书省所拟定的诏敕提出不同意见，涂窜奏还，即所谓"门下掌封驳"。

三省之中，中书省与门下省相互制约，关系密切，唐太宗称之为"机要之司"。正如他所说："国家本置中书、门下，以相检察，中书诏敕或有差失，则门下当行驳正。人心所见，互有不同，苟论难往来，务求至当，舍己从人，亦复何伤？比来或护己之短，遂成怨隙，或苟避私怨，知非不正，顺一人之颜情，为兆民之深患，此乃亡国之政也。"

三省长官均为宰相。由于尚书省有房玄龄、杜如晦两位得力大臣，而负责制定政策和审议封议重任的中书、门下两省没有十分理想的人选，唐太宗便一改往日的做法。他主张集思广益，通过宰相人数的增加，使得宰相个人的权力分散。当然，最后的裁决权还是由皇帝说了算的。

不过，由于宰相议事时皆"坚守直道"，各抒己见，"灭私徇公"，这也就保证了决策的全面性和正确性，充分发挥三省的讨论、封驳、执行功能，充分发挥集体的智慧，从而也就减少了决策的失误。可以说唐太宗在中央官制改革方面，不仅保证贞观时期"鲜有败事"，而且还巧妙地解决了君权与相权的争端问题。

在对三省六部进行改革的同时，唐太宗从贞观元年开始对三省六部官员也进行了相应的调整。萧瑀、陈叔达等一批武德老臣被罢免相职，长孙无忌、房玄龄、杜如晦、李靖、王珪、魏徵、温彦博、戴胄、侯君集等一批才干突出的大臣被提升到新的宰相位置。随着宰相集团建立，太宗已经在集权统治下轻易地做到游刃有余。需要特别指出的是，正是由于宰相集团的鼎盛，才使得太宗的统治时期中出现人才济济的局面，这在中国的历史上是少有的。

一次在宴会上，唐太宗面对众宰相，对坐在旁边的王珪说："卿识鉴精通，复善谈论。玄龄以下，卿宜悉加品藻，且自谓与数子如何？"

王珪沉思片刻，回答说："孜孜奉国，知无不为，臣不如玄龄。出将入相，臣不如李靖。敷奏详明，出纳惟允，臣不如温彦博。处繁治剧，众务毕举，臣不如戴胄。耻君不及尧舜，以谏诤为己任，臣不如魏徵。至于激浊扬清，嫉恶好善，臣于数子亦有微长。"唐太宗听完了王珪的话后，顿时拍手叫绝："深以为然，众亦服其确论。"他觉得王珪对众人及他本人的评价精当至极，恰到好处，感叹之余，进一步增加了其推行改革的信心。

唐太宗对宰相班子进行大刀阔斧的改革之后，又对繁冗的官僚机构进行了精简，这就大大提高了各级官员的办事效率。

唐太宗即位之初，就一再强调要"量才授职，务省官员"，认为"若得其善者，虽少亦足矣；其不善者，纵多亦奚为？"因此他要求房玄龄重新核实、确定中央各部门的官员定额，最后将中央的文武官员总数定为640人，太宗非常满意地说："吾以此待天下贤才足矣。"

由于唐初人们多重视京官而轻视地方官，就连士大夫也以任京官为荣。针对这种不良现象，御史马周上疏称："治天下者以人为本，欲令百姓安乐，惟在刺史、县令。县令既众，不可皆贤，若每州得良刺史，则合境苏息……朝廷必不可独重内臣，外刺史、县令，遂轻其选。"

马周的上疏引起了太宗高度重视，他决定由自己亲自选任刺史，县令则由五品以上的京官举荐。这样一来便在一定程度上改变了地方刺史、县令人非其才的局面，随着地方吏治的调整，地方百姓受苦受难的日子也有所好转。

同时，唐太宗还注意到全国各地大量郡县的设置严重影响了自己的统治，因此他在这一方面也做出了相应的改革。

早在隋炀帝时，统治者就为了改变南北朝以来"十羊九牧"吏多民少的不正常现象，将地方行政区划由州、郡、县三级制改为州、县二级制。但是由于隋朝末期，天下丧乱，"豪杰并起，拥众据地，自相雄长"。唐朝建立之初，为了安抚这些归降的各地豪杰，纷纷设置州县来安置他们，"由是州县之数，倍于开皇、大业之间"。但此时这种举动已经完全没有必要。因此，唐太宗针对这种情况，采取了大加并省的措施，下令省并州县，地方只设州、县二级，取消郡一级。至贞观十四年（公元640年），全国共有州府358个，县1551一个，大大少于武德时期的郡县设置。太宗通过并县制度的推行，使得每个州县的辖区增加，人口增多，而官吏人数减少。这不仅减少了政府行政上的开支，提高了地方政府的工作效率，同时也减轻了百姓的负担。可谓一举两得，一箭双雕。

为了进一步加强中央政府对地方的控制，唐太宗又根据山川形势将全国划分为十道，即关内、河南、河东、河北、山南、陇右、淮南、江南、剑南、岭南。十道设置后，朝廷不时派出黜陟大使、风俗使、观察使到各地"观风俗得失"，"察政刑之苛弊"，对地方官的政绩进行考核。

总之，唐太宗对中央政府和地方行政机构的改革，不仅在当时产生了良好的效应，而且对于后世也具有积极的借鉴意义。这些改革举措，其实都是唐太宗根据社会发展的实际需要而推出的；这些改革的成功，不仅向我们显示了唐太宗李世民作为一代明君的贤能智慧，还向我们揭示了一条亘古不变的真理：只有改革才能求发展！

唐太宗在建国之初，兢兢业业，谨慎治国，同时又敢于创新，提倡改革，从而把唐朝的强盛又推向了一个新的高度。

第六节　科举取士

科举制度算不算中国的国粹，不得详知，但是中国人十分重视功名，却是千真万确的事实。范进中举，虽然是个故事，但是生活中恐怕有过之而无不及。

唐太宗作为一代英主，他要网罗天下人才，他的法宝就是科举选拔，不少人因此皓首穷经，正如唐人赵嘏诗云：

> 太宗皇帝真长策，
> 赚得英雄尽白头。

中国的人才选拔与考试制度颇有渊源。西周用人主要依据血缘关系。春秋战国，天下大乱，除血缘关系外，还依靠战功，那些有本事的人投军杀敌，建功立业，文人策士则给士大夫当门客。战国孟尝君、平原君、信陵君、春申君，每人养有门客三千，在这些门客中涌现出很多杰出的人才，如冯谖、毛遂、侯嬴等。但这种形式没有固定的制度，有很大的随意性。

汉武帝时期设立博学鸿词科，用考试的方法选用人才，开辟了科举制的先河，著名的儒学大家董仲舒及名臣公孙弘就是汉武帝从考试中发现的。但这只成为选人的一种方式，其他方式还有举孝廉，即由地方官推荐等。

到东汉末年，考试制度名存实亡，由于宦官和外戚交替专权，用的都是小人、佞人，即令考试也是假的，卖官鬻爵风气盛行。

三国时期，曹、刘、孙三家唯才是举，谋臣大将要么亲自登门求请，如诸葛亮；要么路上相从，如周瑜；要么自投门下，如曹操大多数部下，没有一个是考试取得的。

魏晋南北朝时期，曹丕开始推行九品中正制，只有贵族世家才能做官，"上品无寒门，下品无士族"是当时用人制度的真实写照。有些很有才能的人，因为出身寒门，很难升迁，如左思，虽有才能，且妹妹是皇妃，但因门第不高，长期只能做一个小官，因而他有这样的感叹：

郁郁涧底松，离离山上苗。

以彼径寸茎，荫此百尺条。

世胄蹑高位，英俊沉下僚。

地势使之然，由来非一朝。

金张藉旧业，七叶珥汉貂。

冯公岂不伟，白首不见招。

隋文帝于公元587年定制，每州每年贡士三人，标准是文章华美，文章特别华美的，州可以保荐应秀才科，接受特别考试。

公元599年，隋文帝命文官五品以上，地方官总管刺史以德才举人。

公元607年，隋炀帝以十科举人，其中有"文才秀美"一科，即进士科，这是科举（主要是进士科）制度的开始。

从此，门阀制度逐渐被科举制度所代替。科举考试制度，在唐太宗时才固定下来。同时，解戎衣而开学校，饰贲帛而礼儒生，贞观办学校之盛前所未有。

贞观六年（公元632年），把原来的国子学改为国子监，号称三监之首，是全国的最高学府，下属六种学校，国子学、太学、四门学、律学、书学、算学。学生名额分别为300、500、1300、50、30、30。前三种学校招收三品、五品、七品以上的官僚子弟入学，后三种学校招收八品以下官吏子弟入学。并在门下省置宏文馆，在太子东宫设崇文馆，兼教生徒，专收皇亲国戚及宰相高官的子弟。

地方学校，有京都、都督府、州、县等级别，主要设在州和县，学生学习成绩优良，可由地方官保送参加常举考试，经州考试合格后，送到中央参加常举考试，称为"乡贡"。"乡贡"合格者，可获得做官的候补资格。

唐朝贞观初年，有一次，唐太宗想亲自看看考进士的情况。在发榜那天，他带着几个内侍，悄悄地来到考试进士的端门前，只见许多新考取的进士，排成长长的一队，一个接一个地走了出来。唐太宗非常高兴，对身边的内侍说："天下英雄，入吾彀中矣！"彀，是指射箭的时候箭所能达到的射程，这句话的意思是说：天下的人才全都落到我的手中了。唐太宗为什么那样高兴？因为他看到了科举这种制度对他确实很有用。

贞观三年（公元629年）九月，太宗下令，各州置医学、设医学博士一人，从九品上，管理民间医疗工作，培养学生。

设立的学校有健全的体制，国子监设祭酒一人，司业二人，是最高学官，掌管全国教育的各种政策。六种学校有博士、助教多人，进行具体的教学活动。国子学、太学、四门学的教法主要讲读儒家经典，必修课是《孝经》《论语》，还设有大经——《礼记》《左传》，中经——《毛诗》《周礼》《仪礼》，小经——《周易》《尚书》《公羊传》《谷梁传》，称为九经。

贞观五年（公元631年）以后，太宗多次到国子监参加"释奠"仪式与听讲经义。释奠是每年春秋的祭礼大典。贞观十四年（公元640年），唐太宗亲到国子监参加大典，特请国子监祭酒孔颖达讲《孝经》。孔颖达敬献《释奠颂》，唐太宗下诏赞美，并赏赐祭酒、学官和绢帛。他延聘了天下众多名儒。如著名经学大师孔颖达，贞观六年召为国子司业，贞观十二年拜国子祭酒，在国子监掌教十多年；经学家马嘉远，贞观十一年为太学博士，贞观十九年迁为国子博士；名儒王恭，原是乡村教师，名声很大，贞观初召为太学博士；经学家马才章，经房玄龄推荐为国子助教。

为了统一全国教材，颁行了《五经定本》和《五经正义》作为教材，以免学生和老师无本可依，无所适从。贞观一代，学生名额逐渐扩大，京城专门增筑宿舍，有学生数千人，国子监是当时世界上规模最大的学府。

地方上办学也得到唐太宗的奖励。长安还有很多少数民族的学生，如高昌、吐蕃都送子弟到长安学习，还有高丽、百济、新罗、日本等国派来的留学生。整个贞观时期学风大兴，四方秀艾，挟策负素，去集京师，文治勃兴。贞观五年，太宗命令增修学生宿舍1200间，国学、太学、四门学都增加学生，书算各设博士，共3260人。外国留学生共8000多人。

培养人才和选拔人才是相辅相成的，科举制度化，对培养和选拔人才起到保证的作用。贞观元年，唐太宗盛开科举，以后又通过科举选取人才，常设考试科目有秀才、进士、明经、明法、明书、明算等六科。因明经和进士是常设的补充官员的候选人，考的人很多，进士科特别有吸引力。考试有常设部门，由吏部考功员外郎主持。

隋朝考试在每年冬十一月开始，到次年春结束。唐太宗采用四季考试的建议，实现了多选人才，补充官缺的作用。贞观十九年，接受了马周一年四季都考试过于劳苦的建议，恢复了十一月开始、第二年三月结束的做法。为了方便关东士子就近考试，唐太宗在洛阳设考点。

贞观年间，是进士科发展的关键时期，贞观后期，扩大了进士科，提高了进士的晋身之阶，对唐前中期的科举制度起着推动作用。

进士是当时的热门科目，人们争相参加进士角逐，考试的人数很多，录取很严格，考上进士的只占百分之一二，而考上明经的占百分之一二十。当时人们把考进士比作"登龙门"。当时流传有这样的谚语："三十老明经，五十少进士"，30岁考上明经的已经老了，50岁考上进士还算年轻。真实印证了"太宗皇帝真长策，赚得英雄尽白头"。

考中进士，就取得了做官的资格，但是真正得到官职还要经过吏部的考试。这个考试叫"选试"，选试合格的，呈请皇帝授给官职。选试的内容有四项：一是身材挺拔，五官端正；二是言词清楚，条理分明；三是书写流畅，文字美观；四是能力出众，见解独到。考中了进士，叫作"及第"，第一名叫状元，第二名叫榜眼，第三名叫探花。

当时进士很难考，有人从少年考到白头，没有考中的比比皆是，终生未中，老死科场的大有人在。为了达到考取的目的，应考的举子就想出各种各样的办法。有的在考前和考试期间到处叩拜公卿，送些礼物，这么做无非是想得到公卿王侯的赏识，好替他向主考官推荐，混个脸熟。有的没有熟人，连公卿王侯的面都见不着，他们干脆跑到官僚的车马前跪献文章，这叫作"求知己"。把自己的文章工工整整地写成卷轴，献给达官贵人或者名流学者，请他们把自己推荐给主考官，这叫"行卷"。

行卷在当时很流行，也很管用，有好多人因此飞黄腾达。行卷的第一篇十分重要，那些达官贵人只对第一篇看得比较仔细，后面的只是浏览一下而已，所以举子们都十分用心。唐朝大诗人白居易到长安应考，向当时的著名诗人顾况行卷。顾况看见白居易的姓名，开玩笑地说："米价方贵，长安居大不易"（长安米价正贵，居住很不容易），有点看不起白居易的意思。等到他打开行卷第一篇《赋得古原草送别》，念到"野火烧不尽，春风吹又生"一句的时候，不由得大加赞赏，说："能做这样的诗，'居'亦'易'矣！"于是，到处赞扬白居易的才华。行卷促使一些读书人在应考以前提高自己的文学修养，努力创作高水平的作品，这对唐代文学的发展起了一些积极作用。

明经考的是经书的填空，即考官把经书中的一些字句贴了，考生把它补上。进士考的是文章诗赋，考取进士的人，如果不通经史，要遭到考官的非难，不能成为朝廷命官。贞观二十二年（公元648年），考功员外郎王师旦主持复试，进士张昌龄、王公瑾等因答不上经史的题目而落第。唐太宗对二人的文才早有所闻，即询问王师旦。王师旦说："这样的人会写文章，但为文轻薄，文章浮艳，必不能成大器，如果把他录取了，后面的人就会争相仿效，陛下提倡朴实的文风就会改变。"

科举制度使读书人有了奋斗的目标，凡学有专长的人都可申请报名考试，合格后，由州郡推荐到中央考试，改变了魏晋以来由贵族垄断选士的做法，把选人用人的权收归中央，有利于统一国家以才选官的制度。这种制度又巩固了中央集权的统一帝国，使天下人才，尽为唐帝国效劳。

许多出身贫寒的人，通过科举制度，得到了高官厚禄，还有机会担任尚书、宰相之类的显赫职务。

隋孙伏伽出身小吏，大业中进士，贞观任户部侍郎、大理寺卿等高官。

李义府出身贫寒，通过考试而进入朝廷任职，贞观后期任宰相。

到贞观以后，出身寒门的高官比比皆是，据史书记载，唐代当上宰相的就有142人，未传的还很多；出身士族的宰相有125人。

这是唐太宗开了好头，出身贫寒而位极人臣者已多于出身士族的人，结束了魏晋以来"上品无寒门，下品无士族"的局面。科举制度的影响很大，科举出身是人人追求的目标，有些高门贵族，虽然位极人臣，但因不是进士出身，自己觉得脸上无光，也会招来整个社会的白眼。

科举制度使大批出身于中、小地主阶级的读书人有机会进入政府机构。像家世寒素的李义府，怕自己不能参与政权，曾经写诗说："上林许多树，不借一枝栖。"唐太宗回答他说："我将全树都借给你，哪里只是一枝啊！"后来，李义府通过科举考试，进入上层社会，最后担任过宰相之职。

唐太宗实行科举制度，官吏的选拔和任用都由中央决定，这就加强了中央政府的权力，有利于国家的统一。

第四章

贞观之治

第一节 广揽人才

作为一代明君的唐太宗李世民，因为知人善任，还以用人不疑的特殊品质，为大唐王朝延揽了众多贤才名士，创造了中国封建社会著名的大治之世。

人才乃是治国安邦之本。"一个篱笆三个桩，一个好汉三个帮"、"众人拾柴火焰高"。再厉害的人，也不可能包打天下。所以，作为一个领导者，要知人善任，只有做到人尽其才，人尽其用，自己的事业才能做强做大。君主贤明英德，可是手下无得力的助手，徒有一套完整的治国法规也是行不通的。我国历史上流传着很多有关帝王重用人才兴邦富国的故事，而其中关于唐太宗李世民求贤若渴的范例就不在少数，一部《贞观政要》就记载了唐太宗许多知才、求贤的思想和实践，为后人留下了一笔珍贵的遗产。

据《贞观政要》记载，贞观六年（公元632年），唐太宗对魏徵说："古人云，作为国君一定要为官择人，不可轻率任用。朕现在每做一件事，就被天下人看到；每说出一句话，就被天下人听到。如果任用正直之人为官，那么行善之人就会得到勉励；如果误用恶毒之人为官，那么坏人就会争相钻营。只有赏罚得当，有功者才会晋升，无功为恶者才会退出。所以，为国君者，用人时就需更加谨慎小心。"

唐太宗信奉"兼听则明，偏听则暗"，他重视人才，历代有口皆碑。唐太宗说："忠言逆耳，良药苦口，但是我要听，我愿吃；奸言顺耳，劣药甜嘴，我也要听听、尝尝，换换口味。至于怎么对待国家大事，我心中自然明白。"

唐太宗手下便有一班忠心耿耿的大臣。这些人中只有少数是和太宗一起在晋阳首义跟随唐军进入关中的，绝大多数是从战场上俘获的，或是从敌人营垒分裂出来的，或是政敌手下的死党，或是从民间发现的，或起于布衣，或生于豪富，或生于中华，或长在夷狄。总之，唐太宗的人才库成分复杂，为唐帝国的建立和巩固发挥了积极的作用。

唐太宗所用人才，按时间顺序第一个是刘文静。

刘文静为隋晋阳县令，晋阳宫副监裴寂因见天下大乱，叹自己生不逢时，难以自保，刘文静却很乐观。他是第一个发现一代英主李世民的人，说："这是非常了不起的人。"把李世民比作汉高祖、魏武帝。

李世民也把举大事的雄心壮志第一个告诉了刘文静。在李世民、刘文静的敦促下，李渊终于决定起兵。为了后院不起火，刘文静亲去联络突厥，他出使突厥，得到突厥不袭击后面的保证。

李渊进入长安，代隋称帝，命刘文静等修定律言，封为纳言。刘文静善于治国，经常充当使臣，他精于大计，打仗不怎么在行。

武德元年（公元618年）七月，刘文静随秦王征薛举，李世民要深沟高垒布战。正在这时，李世民害疟疾，委军事给刘文静、殷开山，告诫他们："薛举孤军深入，食少兵疲，如来挑战，不可出战，等我病好后，为你们破敌。"他们不听李世民的安排，战于浅水源，大败，士卒战死十之五六，大将军慕容罗睺、李安远、刘弘基皆阵亡，刘文静被除名。

武德元年十一月，秦王打败薛仁杲，李渊封刘文静为吏部尚书。刘文静是晋阳首谋，自己认为功劳大，裴寂没有什么功劳，入关后却封官最高，赏赐最多，因此常有怨言，和裴寂过不去，后被李渊以谋反罪治罪。

李世民为刘文静辩护："在晋时，是刘文静首先定起兵之策，才告诉裴寂，到了京城，待遇悬殊，有怨言，不是谋反。"但在裴寂的挑唆下，李渊最终杀了刘文静。李世民对此也无能为力。

刘文静首谋晋阳，和唐太宗一起奠定大唐基业，应是唐太宗用的第一个人才。

房玄龄是唐太宗手下的又一重臣。房玄龄，字乔，齐州临淄人，自幼机警敏捷，善作文，书法兼草、隶。隋朝开皇年间，天下太平，人们普遍认为隋朝将是一个相当长的平安社会。

房玄龄悄悄对父亲说："当今皇上无功德，只是凭借北周近亲任意诛杀才夺得天下，然而不是长久之计，淆置嫡庶，不按礼法，互相倾轧，最终会引起内乱。看起来平安，灭亡的时间不会很远。"

房玄龄18岁中进士，授羽骑尉，校秘书省。

吏部侍郎高孝基对裴矩说："我看了很多人，皆不如此子，当为国家栋梁之材，但可惜无人提拔重用。"

房玄龄补于城尉，因连累坐罪，徙上郡。看到中原就要乱，慨然有忧天下之志。

房玄龄非常孝顺，父亲生病一百天不解衣，父亲逝世，五天不吃饭、喝水。

李世民进军渭北，房玄龄到军门拜见，二人一见如故。李世民封他为渭北道行军记室参军。

李世民封秦王，授房玄龄府记室，封监淄侯。李世民每次出征，房玄龄都跟随左右。每攻下一座城池，其他人都去争夺珍宝，只有房玄龄到处收罗人才，犹如汉初萧何。史书记载，每当刘邦攻城略郡，特别是攻进咸阳，其他人只是收集金银珠宝，萧何则专门收集的是秦朝的典籍册簿。房玄龄和将领来往甚密，与大将约定誓死效忠李世民。

当时的秦王李世民曾说："汉光武得邓禹（汉光武帝谋臣），天下豪杰集于门下，我现在有房玄龄，犹如有邓禹。房玄龄任府记室十年，各种文书告示，停下来马上就办，不用草稿。"

李渊曾经称赞房玄龄："此人机敏，有见识，委托他办事很妥帖。每次给我儿（李世民）写信汇报事情，千里之外犹如对面说话。"

房玄龄升为陕东道大行台考功郎中，文学馆学士。后来，李世民令房玄龄任中书令，晋爵邗国公。

房玄龄协助太宗平定天下，又协助太宗治理国家，是杰出的唐代名相，为唐帝国的统一立下了功劳，为"贞观之治"做出了杰出贡献。他的作用和魏徵不同，魏徵主要是校正唐太宗的错误，查漏补缺；房玄龄主要是出谋划策，拟定治理国家的方略。

唐太宗手下的另一谋臣是杜如晦。杜如晦，字克明，京兆杜陵人。杜如晦英俊豪爽，喜欢读书，以风流自命，内负大节，临机善断。

隋朝大业中，杜如晦参加吏部选官，被侍郎高孝基看中，赞扬说："你是一位栋梁之材，我愿保举你。"补为滏阳县尉，不久弃官离去。

李渊占领长安，李世民任用杜如晦为府兵曹参军，又调任陕州总督府长史。当时有很多人离去，李世民很忧虑。房玄龄说："离去的人虽多，都不值得惋惜。只有杜如晦是王佐之才。大王如果只当一个藩王，就用不着，如要经营四方，非留住杜如晦不可。"

李世民大惊说："不是你的话，我差点失掉一个人才。"于是把杜如晦留在幕府。

杜如晦随李世民南征北讨，常参与运筹帷幄，对很多事情裁处得十分恰当，得到同僚的称赞，后任陕东道大行台司勋郎中，封建平县男，兼文学馆学士。

天策府建立后，为郎中。李世民为皇太子，授左庶子，升兵部尚书，进封蔡国公，和房玄龄共管朝政。杜如晦主决断，所谓"房谋杜断"就指此。

杜如晦在统一战争中做出了巨大贡献，主要功绩是谋划决断，为贞观之治也做出了贡献，但因贞观初年就去世，年仅46岁，不能不说是一大遗憾。

李靖是唐太宗手下的一员大将。李靖，字药师，京兆三原人，姿貌魁秀，精通书史，胸有大志。他常说："大丈夫遇乱世，要获功名取宝贵，何至于做那些常常寻章摘句的书生。"

李靖的舅父是隋朝著名的大将韩擒虎，常和李靖谈论兵法，赞叹道："可以和我谈孙、吴兵法的，除了他还有谁呢？"

在隋朝任殿内直长的吏部尚书牛弘说："这人有王佐之才！"

左仆射杨素敲着自己的座位说："你最终应当坐这里。"

对于李靖的赞词，可谓有口皆碑，众口一词。

大业末年，李靖任马邑丞。李渊击突厥，李靖发现李渊有叛隋的动向，自己假装囚犯，令人押送到江都报信。李靖到了长安，正值李渊围城，李渊很快就攻下了长安，李渊命令将李靖推出斩首。

李靖高声说："你起兵为天下除暴，要想成大事，怎么能因私怨而杀义士呢？"

李世民极力为之辩护，李渊放了李靖，李世民封他为秦府三卫，平王世充后，因功授开府。继而到江南协助李孝恭平定江南和岭南。

高祖李渊称赞李靖说："古代的韩信、白起、卫青、霍去病都超不过李靖。"

武德八年（公元625年），突厥入侵太原，李靖任行军总管，率江淮兵万人，据守大谷。这时其他将领大都吃了败仗，只有李靖的军队保持完整。后任检校安州大都督。

太宗即位，授刑部尚书，兼检校中书令。突厥南侵，太宗授李靖兵部尚书，定襄道行军总管，率精锐骑兵三千从马邑到恶阳岭。

颉利可汗大惊，说："唐兵如不是倾国而来，李靖怎么敢率孤军到此？"李靖大破突厥于定襄，进封代国公。

太宗称赞李靖："李陵以步卒五千，横穿大漠，然最后投降了匈奴，其功劳尚礼载史册；李靖以骑兵三千，血战虏庭，遂取定襄，从古以来未有这等英雄，足以洗雪我渭水之耻啊！"

李靖乘胜进军，击溃了东突厥军队，占领了从阴山到大漠的广大地区。以后又平定吐谷浑，改封卫国公。

李靖是李世民从刀下救出的一员名将，南征北伐，东征西讨，战功累累，与白起、韩信、卫青、霍去病比肩。李靖为人忠直，不参加朋党，李世民玄武门之变，力请李靖，李靖不答，他不愿卷入李氏兄弟的纷争，李世民越加敬重他。

李勣是唐太宗手下的另一大将。李勣，本姓徐，名世勣，字懋功，曹州离孤人，归唐后，赐姓李，后因避李世民讳，史称李勣。李勣出身富豪之家，僮仆成群，积粟千钟。李勣父亲好周济别人，李勣也学父亲广施博济，周济施舍的人没有亲疏内外之分。

隋朝大业末年，韦城翟让起义，17岁的李勣参加义兵。

李勣向翟让献谋："家乡的土地，不能自残，兔子不吃窝边草；宋、郑之地是商旅云集的地方，御河在中，舟船相连，夺取船上财物可保障供给。"

翟让采纳李勣的建议，抢夺公私船上的财物，兵威大振。李密逃亡雍丘，李勣和王伯当劝翟让推李密为主。翟让因自己能力有限，同意推李密为主，李密用计大破王世充，任命李勣为左武侯大将军、东海郡公。

这时，河南、山东发大水，隋炀帝让饥民到黎阳仓就食，官吏不发放粮食。每天饿死数万人。

李勣献计："天下之乱是由饥饿引起的，现在如果夺取黎阳仓的粮食，用来招募士兵，大事就可以成功了。"

李密给李勣五千兵马，夺取黎阳，开仓发粮，不到10天，征兵20万。宇文化及率兵北上，李勣在黎阳城周围挖壕堑自卫，宇文化及进攻，李勣挖地道出奇兵打败宇文化及。

李密归顺李渊，李勣不让所辖之地。

李勣说："是魏公（李密）所有，我如果献出去，是趁主人失败是为自己立功，我感到羞耻。"

他把郡县户口簿交给李密，李密自己交给李渊，李渊赞赏李勣为纯臣，授黎州总管，封莱国公。李密谋反被诛，李勣请收葬，并为之披麻戴孝。

不久，李勣被窦建德俘获，窦以李勣父为质，命他守黎阳。第二年，李勣归唐，有人劝窦建德杀其父。窦说："不忘故主是忠臣，况其父何罪？"

李勣从此成为秦王李世民的一员大将，在征发东都的战斗中，东占地到虎牢，降郑州司马沈悦，擒建德，俘世充，威震敌胆，凯旋。又随秦王破刘黑闼、徐圆朗，后为左监门大将军。徐圆朗复反，李勣为河南道大总管，平定了徐圆朗，又帮助李孝恭平定江南。太宗即位，任并州都督。

贞观三年（公元629年），任通漠道行军总管，出云中，和突厥战，赶跑突厥，领兵和李靖会合。

他献计说："颉利如果过了碛口，联诸部落，就很难攻破，我们必须抢先扼住这一隘口，不战可擒颉利。"

李勣的想法和李靖相同，李靖连夜率军出发，李勣随后，颉利想从碛江逃走，被李勣挡住，突厥酋长率部5万向李勣投降。太宗升李勣为光禄大夫，行并州大都督府长史，后迁为英国公。

他治理并州16年，以威肃闻于天下。

太宗赞扬李勣："隋炀帝不择人守边，劳民伤财修筑长城防备边患。我用李勣守并州，突厥不敢南侵，比长城好得太多了。"

李世民召回李勣任兵部尚书，尚未到职，薛延陀8万骑兵入侵李思摩，太宗以李勣为朔方道行军总管，率轻骑兵6000人，斩名王1个，俘人口5万；在征高丽战争中，也多立战功；回长安后，又征讨薛延陀部落，大胜，改任太常卿。

李勣是唐太宗手下的一员智勇双全的军事将领，但他不参与皇族内部的斗争。玄武门之变，李世民问李勣，李勣不言。他是从敌人营垒中过来的军事家，唐太宗对他非常信任，欲托以后事，太宗临死前，把年老的李勣调任叠州刺史，嘱李治即位后调回任尚书左仆射。

尉迟敬德也是唐太宗手下的一员猛将。尉迟敬德，朔州善阳人。大业末年，在高阳当兵，英勇善战，以武勇著称，授朝散大夫，刘武周叛乱，用作偏将。

武德三年（公元620年），唐太宗讨刘武周，刘武周命尉迟敬德与宋金刚到介休和唐军对垒，宋金刚败，逃往突厥，尉迟敬德收余众，坚守介休。

太宗派李道宗、宇文士及前往招降，尉迟敬德和寻相率全城来降。太宗任命尉迟敬德为右一府统军，一同前往东都征讨王世充。

不久，寻相等刘武周的手下降将反叛，众将怀疑敬德一定要反叛，就把他抓起来。

屈突通、殷开山都说："敬德初降，内心未附。此人非常勇猛，把他关了这么长时间，既被猜疑，必生怒心，留下必为祸患，请把他杀了。"

太宗说："我的看法和你们不同，敬德如怀二心，怎么会在寻相之后才反呢？"

太宗把敬德放了，请到自己的卧室内，赐以金室，安慰说："大丈夫以意气相投，不以小事介怀，我始终不听谗言害忠良，望你能体谅，你如果一定要去，这点东西算是小意思，微表共事这一段时间的心意。"

当天，太宗出去打猎，正遇王世充数万人马，王世充大将单雄信直取太宗，敬德跃马大呼，刺单雄信于马下。王世充军稍退，敬德保唐太宗突出重围，接着，率骑与王世充交战，只数合，王世充大败，活捉王将陈智略，俘虏千余人。

唐太宗对敬德说："大家都说你一定叛逃，上天暗示我，认为你不会背叛，福善有征，为什么报答得这样快？"然后赐金一筐，自此恩宠日浓。

敬德随唐太宗讨伐窦建德、王世充、刘黑闼，累立战功。

在玄武门之变中，尉迟敬德为唐太宗夺取帝位起了极其重要的作用，他亲手杀死了李元吉，逼李渊下诏立唐太宗为太子。唐太宗授尉迟敬德为太子左卫戍。在玄武门之变后，能坚持正义，不妄杀无辜，论及功劳，敬德与长孙无忌第一，唐太宗把齐王府的财产及府第，全赐给了敬德。

贞观元年（公元627年），赐爵吴国公，和长孙无忌、房玄龄、杜如晦四人封1300户。

由于战功卓著，敬德有骄傲情绪。唐太宗不高兴地说："我读汉史，看到高祖功臣能善终的很少，心里很不解，为什么汉高祖老杀功臣？我当了皇帝以后，想保全功臣，令子孙不绝。然而，你居功犯法，我才知道韩信、彭越被杀身灭族，并不是高祖的罪过。国家大事，论功行赏，按罪处罚，非分之恩，不可数行，请自己尊重，否则后悔就来不及了。"

贞观十一年（公元637年），封尉迟敬德世袭刺史，敬德封在宣州，徙爵鄂国公。又任富、夏二州都督。

贞观十七年（公元643年），上表辞职，授开府仪同三司。

唐太宗晚年征高丽，敬德劝谏不可，太宗未采纳。

晚年信仙方，炼丹药，服云母粉，穿筑地台，崇饰罗纲，奏清商乐自悦，不与人交往，共16年。

秦琼也是太宗手下的得力大将之一。秦琼，字叔宝，齐州历城人。他先在来护儿帐内服兵役，秦琼母亲去世，来护儿遣使吊唁。

帐下人觉得奇怪，论："士卒死丧，将军从未过问，怎么单独吊叔宝之母？"

来护儿说："他的儿子有才能、有武艺、有志向、有节操，岂能久处人下？"

不久，跟随通守张须陀在下邳和卢明月作战，张军只有敌军的十分之一，坚壁而不敢进。粮食很快吃光，要想退兵。

须陀说："敌人见我退兵，必全军来追，得精锐之士偷袭其营寨，对我才有利，谁敢担当此任？"

没有人回答，只有秦叔宝和罗士信自告奋勇前去劫营。秦、罗二将分精兵千人伏在草莽间，张须陀退去。卢明月全军追来，秦叔宝、罗士信率兵攻打敌营，营门紧闭不能进，登楼拔掉敌人的旗帜，杀数十人，营中大乱，打破关门，放外军入，放火烧三十余屯。卢明月赶快回兵来救，张须陀从后面追来，大破卢军。秦叔宝又立战功，升为建节尉，跟随张须陀在荥阳大战李密。

张须陀败亡，叔宝随裴仁基降李密，李密大喜，任他为帐内骠骑，待他很优厚。

秦叔宝曾在战场上把中箭落马的李密救回。后来归顺王世充，担任龙襄大将军。

叔宝与程知节商议："王世充多诈，多次与部下赌咒发誓，像个巫婆，不是拨乱之主。"

两人相约往西去，秦叔宝在马上对世充说："自顾不能奉事，告辞了。"

王世充不敢逼，他来到长安投降李渊，被安排在秦王府，秦王世民给以很高奖赏和礼遇。

秦叔宝随秦王镇守长春宫，任马军总管，战美良川，破尉迟敬德。他多次主持攻战，李渊赐给黄金瓶；授秦王右三统军，败宋金刚于介休，任上柱国；秦叔宝随李世民征讨王世充、窦建德、刘黑闼，无不冲锋陷阵，得奖金帛以千万计，进封国公。当敌人有骁勇之将在阵前炫耀时，秦王就派秦叔宝前去迎战，万马军中，莫不如志。功勋卓著，授右武卫大将军。

秦叔宝从敌营中分裂出来，累建战功，历二百余战，多次受伤，是李世民统一战争中的一员猛将。

程咬金是唐太宗手下的名将。程知节，本名咬金，济州东阿人。隋朝末年，盗贼蜂起，知节聚众数百保乡里，后参加李密起义军，李密有精兵八千，由四骠骑统领，分左右以自卫，号为内军。李密常夸耀："可当百万之众。"

知节是骠骑之一，李密特别器重。王世充和李密交战，程知节以内骑驻北部，单雄信以外骑驻在偃师。王世充军袭击单雄信，李密派程知节和裴行俨前往助战。裴行俨中流矢落马，程知节飞马前去救助，杀数人抱裴行俨上马奔回，追兵用槊刺知节，知节将槊折断，斩追兵于马下。李密失败后，被王世充所获，因厌恶王世充的为人，和秦叔宝一起投唐，任秦王府左三统军。

他跟随秦王李世民，破宋金刚、窦建德、王世充，屡立战功，封宿国公。武德七年，被李建成诬告，贬为康州刺史。

程知节对秦王说："大王的左右手都被砍掉，要想保全自身是不可能的，我宁死也不离开你。"

玄武门之变后，任太子右卫率。不久升为右武卫大将军。

贞观年间，历任卢州都督，右领军大将军。

高宗显庆（公元657年）二年，任葱山道行军大总管，征讨贺鲁，军到怛笃城，有胡人数千出降，程知节将降者全部杀掉，贺鲁因此逃到很远的地方。程知节被免职，不久被起用为岐州刺史。

程知节作战英勇，战功累累，对李世民忠心耿耿，是李世民的重要战将之一。

以上这些贞观名臣名将，只是太宗用人的一部分，其他人尚有列入凌烟阁二十四功臣的长孙无忌、李孝恭、高士廉、萧瑀、段志玄、刘弘基、屈突通、殷开山、柴绍、长孙顺德、张亮、侯君集、张公谨、虞世南、刘政会、唐俭等，他们都各有建树，有参与初唐开基，有随征平定天下，有帮助夺取皇位，有为唐王朝扫平边陲，有的治理天下，有的从事文学艺术。

唐太宗爱才、识才，尤其注重提拔特殊人才。民间广为流传的唐太宗览奏识马周的故事就是这方面的范例。

贞观五年（公元631年），天下大旱，百姓们种的秧苗全都在炎炎的烈日下枯萎，这些面朝黄土背朝天的庄稼汉们心里急得是火烧火燎。眼见一年的口粮将颗粒无收，怎能不使人心急如焚。唐太宗知道这件事之后，也是忧心忡忡。"国以民为本，而民以食为本"的道理尽人皆知，连老百姓的吃饭问题都解决不了，国家怎能富强？社会怎能安定？唐太宗立即派人传唤百官商讨对策。

在商讨对策时，太宗要求官员们群计群谋，纷纷提出自己的建议。众臣们也是积极响应，纷纷上疏进言，提出了不少好的建议，但是最令唐太宗满意的还要属中郎将常何的奏疏。

常何在奏疏中总共提出了二十多条建议，这些建议不仅切合实际，符合当时的需要，而且方法简便易行，能够极大地提高办事效率，起到事半功倍的效果。常何在这里特别指出："国家兴亡，不全在官府积蓄有多少，而只在于百姓苦乐。百姓苦则亡，百姓乐则兴。"因此他提出减免百姓劳役和赋税，压缩官府各项开支，并选派能吏贤臣治理地方，革除地方弊政陋俗，率领百姓兴修水利抗旱，以发展农业生产。

看着常何的奏章，唐太宗一会儿是皱眉点头，一会儿醒眉摇头，大家都不知太宗到底是怎么了。其实他们哪里知道，太宗点头是因为常何的奏章说得是头头是道，样样可行；摇头是因为感慨常何如此莽撞之人怎么会写出这么好的治国良策呢。

连连拍手称好的太宗看完奏章之后，立即派人将常何召进宫中，他要问个明白，这个平时五大三粗、不懂文墨的常何究竟是怎么想出这些好办法的。

当常何见到太宗，听了太宗的问话后，他毕恭毕敬地回答说："陛下，微臣怎会有这等本事！这些建议不是我提出的，真正提出它的人是微臣的门客马周，他才是个真正难得的人才啊！"唐太宗一听，心头的疑问顿解，于是他马上派人随常何去他府中接马周。

马周是博州茌平（今山东茌平东南）人，早年父母双亡，家境贫困，但自幼好学，立志图强，有丰富的知识和卓越的眼光。他在州学堂教书时，因不满州官的鼠目寸光，遂到京师，投奔了常何，做了常何的门客，深受常何器重。当他看到常何为向朝廷上奏章而愁眉紧锁时，便自告奋勇代笔写了那份奏章，没承想这份奏章引起了太宗的重视。

此时的马周正在休息。当他见到太宗派来的使者后，急忙穿衣起床。但就在这短短的时间之内，迫不及待的唐太宗竟先后派了三批使者来请马周，这使马周大受感动，他觉得自己终于遇上了明君。

马周来到宫中大殿后，太宗大喜。马周长得仪表堂堂，而且在谈吐中，话语层次的分明也透着与常人的不同，完全没有虚狂不实之态，可见其见识渊博。太宗就是喜欢这样的人才，于是当场就任命马周为门下省的监察御史。由于常何举荐人才有功，太宗也赐给了他300匹上等好绢。

马周由一介布衣一跃而升任监察御史，此时的他才31岁，这是何等罕有之事。没过多久，他又被擢升为中书舍人。马周不仅富有才识，而且更善于机变，做到活学活用。他所上书的奏事中条理分明，往往能够切中要害，这点深受太宗的赏识。太宗曾对近臣说："朕只要有一会儿不见马周，就会想他。"后来，马周又被提升为中书令兼太子左庶子，由于处理公允，颇受当时人的赞赏，后来又代理吏部尚书，众多工作，他均能出色地完成。

对马周的才能，唐太宗曾经有过这样一段评价："马周观察事物敏锐而迅速，品性忠诚而正直。至于评论、品评别人，他也能秉公直言。

朕近来任用马周举荐的人，大多数都很合乎心意。他能够竭尽忠诚，亲近归附于朕，朕一定要借助他的才能，以使国家政局康宁。"

难怪一百多年之后的唐朝诗人李贺写到唐太宗览奏识马周的故事时，他作诗《致酒行》称道：

> 零落栖迟一杯酒，主人奉觞客长寿。
> 主父西游困不归，家人折断门前柳。
> 吾闻马周昔作新丰客，天荒地老无人识。
> 空将笺上两行书，直犯龙颜请恩泽。
> 我有迷魂招不得，雄鸡一声天下白。
> 少年心事当拿云，谁念幽寒坐呜呃。

诗中的"吾闻马周昔作新丰客，天荒地老无人识。空将笺上两行书，直犯龙颜请恩泽"两句就是对唐太宗重用马周的称赞。

唐太宗用人，不拘一格。关陇贵族、山东贵族、草莽英雄、民间寒士、少数民族将领，皆取其所长避其所短，使得贞观年间人才济济，各尽其能，国势大盛。

第二节　君臣合力

作为一代雄才之主，唐太宗在集权专制的同时，还能注意到君臣共同治理天下。

君臣之间，同心同德，上下相亲，形成合力，此乃为一种制胜之道。"君臣事同鱼水，则海内可安"的道理几乎人人都懂，但并非所有君王都能做得到。唐太宗不仅武功卓越，而且还是一位文采突出的英明君主。在治理国家方面，他没有像另外两位文武双全的帝王商纣王、隋炀帝那样刚愎自用、一意孤行。相反，他强调的是君主应该与臣下共同治理天下，以成治道，必须使得君臣之间，上下同心，形成一种"合力"，并以这种合力去推行自己的统治。

合力谋略无疑是唐太宗制胜之道的法宝。合力最集中的体现就是在于君王与大臣的共同治理国家方面，大家心往一处想，劲往一处使，形成一种凝聚力，双方同心同德，众志成城，以图达到意想不到的功效。

唐朝是在隋朝的废墟之上建立起来的，唐初君臣对于隋朝灭亡的教训还记忆犹新。鉴于隋朝短暂而亡的惨痛教训，唐太宗还与左右大臣们曾就如何治理天下进行过激烈的讨论。有一次，魏徵提到隋朝的禁囚事件，即隋炀帝下令捕"盗贼"，一天之内竟杀死两千多人。唐太宗认为如此妄杀无辜，不只是炀帝无道，同时也与臣下失职、没有尽到忠心有必然的联系。他说："为臣者须相匡谏，不避诛戮，岂得惟行谄佞，苟求悦誉。炀帝君臣如此，何得不败？"他认为，即使君主自己贤明，但如果臣下不能进谏直言，国家同样会陷于危险之中，所以他得出的结论是："惟君臣相遇，有同鱼水，则海内可安。朕虽不明，幸诸公数相匡救，冀凭直言鲠义，致天下太平。"

不过，需要指出的是，唐太宗所主张的"君臣事同鱼水"并不等同于君臣之间的绝对平等关系，这种"事同鱼水"必须是在君主专制的前提下实行的，正如他所说"君臣本同治乱，共安危"，"君失其国，臣亦不能独全其家"。唐太宗将君臣合力治国的关系提到国家兴亡、社稷安危的高度来认识，无疑又把"合力"这一谋略提升到了一个新的高度。

唐太宗为了实现君臣合力共理天下，经常与群臣论治，指出"人君必须忠良辅弼"，并要求"君臣上下，各尽至公，共相切磋，以成治道"。由于太宗从日常生活中发现了自己的诸多不足，由此他得出结论："自知者明，信为难矣"，并指出："帝王一日万机，一人听断，虽复忧劳，安能尽善？"

正是出于这种帝王不是"尽善"之人的结论，唐太宗主张依靠臣下，集思广益。他曾对大臣魏徵说："美玉通常隐藏在石头中，不经良工雕琢，与瓦砾一样没有什么区别。如经过良工的精心琢磨，去掉石、瑕，就可以成为传世之宝。朕虽然算不上美玉，但还是希望你们这些良工来费心琢磨。"又对王珪说："金矿在山中时，并没有什么可贵的，只有经过冶铸之后才能成为精美的器物，为世人所珍惜。朕就是那未经冶炼的金矿，卿好比善于冶铸的良工。"

贞观五年（公元631年），他对大臣们说："既义均一体，宜协力同心，事有不安，可极言无隐。倘君臣相疑，不能备尽肝膈，实为国之大害也。"可见，唐太宗非常重视君臣之间的同心协力，将大臣对君主的"极言无隐"看作是"协力同心"的表现。太宗深知要实现君臣之间的合力，就必须善于接受他人的建议，即：容人纳谏，以图改正自己的缺点。事实上他也做到了这一点。

贞观八年（公元634年），宰相房玄龄、高士廉在路上遇到少府监窦德素，便问他最近宫中正在营建什么工程。后来，窦德素将此事告诉了唐太宗，太宗大怒，认为房、高两人管得太多，招来二人痛斥了一番。他说道："你们只要管好朝廷大事就行了，至于宫中事情，与你们何干？"房玄龄、高士廉见太宗脸有怒色，不敢作答，只能谢罪辞退。可是这件事被魏徵知道后，魏徵随即上奏说："臣不理解陛下为何斥责房、高二人，二人何罪之有？也不知他们二人为何谢罪？房、高二人既然是宰辅大臣，如同陛下的左膀右臂，有什么事情他们不应知道的？既为人臣，就有必要侍奉其主。营建工程需要多少费用，这些工程有无必要，这些都是宰相应需了解的。陛下斥责他们是何道理，臣实在难以想通。如果房、高二人过问得对，陛下就不应该责备他们，臣想他们之所以谢罪，恐怕因为是陛下不识大臣之职吧？"

一番话把太宗问得哑口无言，平日里太宗口口声声强调要君臣合力，共治天下，而现二位宰相真的负起责来，太宗却责备了他二人，这显然有悖于君臣合力共治的原则。听完了魏徵的话后，太宗也觉得自己做得甚是不妥，不久他便向房玄龄、高士廉二人表达了自己的愧疚之意。

唐太宗这种知过能改的表现，其实正是其君臣合力共同治理天下思想的反映。对于唐太宗这一思想，清代史学家赵翼分析指出："（唐太宗）亲见炀帝之刚愎猜忌，予智自雄，以致人情瓦解而不知，盗贼蜂起而莫告，国亡身弑，为世大戮。故深知一人之耳目有限，思虑难周，非集思广益，难以求治。"

唐太宗将自己比喻成在石之玉、在山之金，而把辅佐自己的大臣比作良工，无异于公开地承认了自己的缺点和不足，他深切地希望臣下能够帮助自己改掉这些不足，使自己成为美玉良器。唐太宗通过这两种比喻，明确表达了他想通过君臣合力共治，将大唐王朝治理好的真切愿望。

俗话说"伴君如伴虎"，大臣都畏惧皇帝，为了自保或得到高官厚禄，做事都要看皇帝的眼色行事，揣摩皇帝的心理，投其所好。李世民仪表威武，相貌堂堂，大臣们在他的面前，连手脚都找不到放处。

太宗知道后，一改常态，和颜悦色，主动找臣下交谈，渐渐得到大家的信任，在大臣们的心中成了和蔼可亲的人，大臣们办事也不再畏首畏尾。这给了太宗很大的启发。他说："人要看自己是什么样子，须靠明镜。皇帝要知道自己的过失，须靠忠臣。如果没有忠臣纠正皇帝的错误，要想不亡国是不可能的；国君失国，臣也不能保家。隋炀帝暴虐，不准臣下说话，听不到自己的过错，最终灭亡。虞世基等人专门在他面前说好听的话，最后还是不免一死。悲剧发生不久，至今还历历在目，你们如果看到我做了不利于人民的事，必须直言规谏。"他多次表示，即使说错了什么，甚至对皇上有什么不恭之处，他也不予责难。真是"言者无罪，闻者足戒，有则改之，无则加勉"。太宗一定知道齐威王纳谏赏谏的历史经验：战国中期，齐威王接受邹忌建议，下诏群臣吏民上谏，分三等重赏，不久，齐国一度成为乱世中的霸主。

唐太宗实现君臣合力的措施是广开言路，虚心纳谏。

为了充分发挥君臣之间的主观能动性，唐太宗还多次下诏激励臣下，要求群臣各尽所能。如贞观十一年（公元637年）七月，唐太宗下诏提出："夫为人臣，当进思尽忠，退思补过，将顺其美，匡救其恶，所以共为治也。"

求谏反映了唐太宗集思广益的性格特征。他在战场上是一位英勇无敌的猛将，能征善战，足智多谋，但他认识到自己不是全知全能，只有集中各方面的意见，才能把国家治理好。他举例说："我年少时就喜爱弓箭，得到几十张弓，我以为这是世上最好的弓。可是拿给制弓的师傅看，他们却说，其中有几把不是好弓。我问什么缘故。他们说，木心不直，自然脉理就邪，弓虽然硬，发箭却不能直。我才知道自己过去鉴别的不精。我用弓箭定天下，还不能真正识别弓箭的好坏，何况天下的事情，我怎么能都懂得呢？"

武德九年（公元626年）六月，唐太宗开始执政。他下令，不分官职大小，一律可以直接向朝廷提出治理国家的意见和建议。短短几个月时间，上书言事像雪片般飞来。八月太宗即位，他把这些建议贴在墙壁上，孜孜不倦地阅读，有时到半夜还不能安睡。

要求谏，就必须积极鼓励臣下直谏，太宗给最先提意见的人以重赏。

有这样一件事，有个人叫元律师，太宗因愤怒判其死刑，但是如果按法律等程序审判，还没达到判死刑的条件。法官孙伏伽直言进谏，对太宗的错误做法加以纠正。唐太宗对孙伏伽的建议非常赞赏，为了鼓励其他人积极进谏，特别重赏孙伏伽，太宗认为，他才当皇帝，还没有人敢于这样提意见，为了鼓励人们提意见，所以要重赏。这极大地鼓舞了大臣的积极性，有许多明哲保身的大臣也积极言事。

为了进一步广开言路，王珪对唐太宗说："我听说木头用墨线弹过才能锯直，君主听取不同的意见才能成为圣明的君主。古代的圣明君主必须有七个敢于和国君争执的大臣，如果国君不听，他们就会以死相谏。陛下圣明，采纳臣下的意见，我有幸生在这个没有忌讳的时代，愿尽愚力。"太宗认为他说得非常正确，于是下令今后和大臣商量国事，一定要谏臣参加，如有规谏，虚心采纳。这项良好制度的建立，比做一两件大事的影响和意义要大得多。

贞观时期，太宗从谏如流，对于进谏之人正确的建议，太宗不但采纳，而且重加赏赐，不正确的建议也不加责难。真正做到了君明臣忠，同心同力，共同为国家着想，只要有利于国家的建议，不管太宗愿不愿意听，大臣们都犯颜直谏，太宗也乐于接受。这种风气是其他历史时期所没有的，在这种风气的感染下，一些不敢谏诤的人也积极参与进谏，甚至一些隋朝旧臣也一改原来的阿谀谄媚态度，向太宗进谏，并且提出了一些有益的建议。裴矩是其中变化最大、最有代表性的一个。

裴矩是河东闻喜人，隋朝时期历任民部侍郎、黄门侍郎，参与朝政。炀帝好大喜功，对于忠言总是听不进去，所以忠臣永远也得不到提拔。裴矩看到正路不能升迁，就寻找别的方法。于是他就投其所好，撰《西域图记》三卷，献给炀帝，炀帝最喜欢到处巡游，裴矩这一招颇合炀帝的口味。同时他对西方诸族许以厚利，让他们来捧炀帝的场，正如当时所描述的"焚香奏乐，歌舞相趋，谒于道左"，场面好不热闹，"复令武威、张掖士女盛饰纵观，骑乘填咽，周亘数十里，以示中国之盛。"此举让裴矩升了官、发了财，却给河西百姓带来了沉重的负担。为了讨好炀帝，裴矩出了很多馊主意。大业六年（公元610年），炀帝在东都玩乐，正赶上其他少数民族都来朝贡，他就劝炀帝夸耀一下本国的富有。炀帝是一个爱慕虚荣的人，能够有这样一个卖弄自己的机会，他怎么能放过呢？旧史记载："先命整饰店肆，檐宇如一，盛设帷帐，珍货充积，人物华盛，卖菜者亦藉以龙须席。胡客或过酒食店，悉令邀延就座，醉饱而散，不取其直，给之曰：'中国丰饶，酒食例不取直。'

胡客皆惊叹。"炀帝对裴矩非常满意。裴矩一味地揣测炀帝的心思，炀帝不喜欢纳谏，所以裴矩也从不进谏，只是挖空心思讨好皇帝，唆使炀帝纵欲。所以炀帝对裴矩也非常赏识，曾对身边大臣说："裴矩大识朕意，凡所陈奏，皆朕之成算，朕未发顷，矩辄以闻。自非奉国用心，孰能若是？"隋炀帝向高丽发动大规模的战争，就是裴矩的建议。炀帝在江都时，护驾兵士时有逃亡，裴矩就向炀帝献计，抢掠民间妇女强行配给军士为妻，说这样可以防止兵士继续逃亡。炀帝从其计，这一做法引起了江淮人民的愤怒，起义接连不断，人民怨恨不已。

就是这样一位所谓佞臣，在太宗时期却变化很大，不但不进谗言，而且逐渐开始关心国事，积极为治理国家出自己的一份力。早在武德九年（公元626年）太宗即位之初，太宗因诸官吏大多都有收受贿赂的行为，欲加惩治，但苦于无证据，就让身边的人去贿赂官吏以试探，刑部司一位小吏不知是太宗故意如此，就收受绢一匹，太宗下令处死。当时裴矩任民部尚书，知道此事后认为太宗处置不当，遂进谏说："管吏受赂，罪本应死，但是陛下派人贿赂，这是故意诱使人犯法，与孔子所说的'道之以德，齐之以礼'的说教大相径庭。"太宗听后十分高兴，为此专门召集五品以上朝官，告诉他们："裴矩能当官力争，不为面从，何忧不治！"太宗此言不仅是表彰裴矩，也是通过此事鼓励百官大胆谏诤。

裴矩前后判若两人，表现出截然不同的历史现象，也引起了旧史家的关注，宋代著名史学家司马光评论说："古人有言：君明臣直。裴矩佞于隋而忠于唐，非其性之有变也，君恶闻其过，则忠化为佞；君乐闻直言，则佞化为忠。是知君者表也（表，即标杆），臣者景（影）也，表动则景随矣。"司马光的这些见解确有合理之处，在封建专制时代，君权至高无上，君主的素质如何的确在很大程度上决定了一个时代的政治风貌。

唐太宗虚心纳谏的事在历史上成为美谈。

贞观初年，在一次宴会上，唐太宗旁边有一美人，这个美人是庐江王李瑗的爱姬，因庐江王反叛，被没入宫。

太宗对黄门侍郎王珪说："庐江王无道，杀害其夫而夺其妻，暴虐之甚，如何不亡？"

王珪问："陛下认为庐江王做得对不对？"

太宗说："怎么能杀了人还要强娶其妻呢？你问我对不对是什么意思？"

王珪说："我听说《管子》里有这样一件事：齐桓公到郭国去，问郭国父老：'郭国为什么会灭亡？'父老说：'郭国的国君喜欢善良而厌恶邪恶。'桓公说：'像你说的，乃是贤明君主，怎么会灭亡呢？'父老说：'不，郭国国君喜欢善良而不能用，厌恶邪恶而离不开，所以就灭亡了。'这妇人还在皇上左右，我还以为陛下认为庐江王是对的。如果认为他不对，那就是厌恶邪恶而不能离开。"

太宗很高兴，认为王珪说得非常正确，立即把这个美人还给她的亲人。

贞观二年（公元628年），太宗说："明主思短而益善，暗主护短而愚昧。隋炀帝喜欢自夸，护短拒谏，臣下不敢犯颜。虞世基不敢直言，不能算很大的罪过。商朝微子装疯保全了性命，孔子称为仁。"

杜如晦说："天子有诤臣，即使无道也不失天下，虞世基怎么能够因隋炀帝无道，不纳诤谏又不劝谏呢，身居重位而偷生，又不辞职离去，和微子装疯是不同的。虞世基身居重位而无一句谏言，应当处死。"

由于大臣各抒己见，充分发表自己的意见，事事都考虑得十分周全，揭示的问题不但深刻，而且涵盖面很广，唐太宗更是虚心接受他们的意见，使得事事都按国家的需要去做，朝野上下，形势一片大好。

贞观三年（公元629年），太宗为了解全国的情况，要求裴寂等一班大臣积极上书言事，分析天下的形势，以确定国家今后的方针大略。

贞观四年（公元630年），全国经济有所恢复，太宗认为东都洛阳的宫殿过于卑陋陈旧，于是下诏修复乾元殿，以备巡狩。侍中张玄素得知此事后，急忙上疏，提出"五不可"，要求停止工程。

张玄素在奏疏中称："臣尝见隋室初造此殿，楹栋宏壮，大木非近道所有，多自豫章采来，二千人拽一柱，其下施毂，皆以生铁为之，中间若用木轮，动即火出。略计一柱，已用数十万功，则余费又过倍于此。臣闻阿房成，秦人散；章毕就，楚众离；乾元毕工，隋朝解体。且以陛下今时功力，何如隋日？承凋残之后，役疮痍之人，费仇万之功，袭百王之弊，以此言之，恐甚于炀帝远矣！"

唐太宗听张玄素把自己说得连隋炀帝都不如，心里很是气愤，他反问道："卿以朕不如炀帝，何如桀、纣？"

张玄素据理力争说道："若此殿工程兴起，所谓同归于乱。"

虽然张玄素的回答丝毫不留情面，太宗一时下不来台，可是作为一个英明君主，唐太宗很快意识到张玄素的话是对的。唐太宗在张玄素一片良苦用心的感召下，终于以减轻人民负担为重，立即下令暂停修复乾元殿。

其实，张玄素尽管劝谏有功，但若换成其他帝王，或许他的建议未必有效。如果不是深谋远虑的唐太宗能够虚心纳谏，他可能早已招来了杀身之祸。作为一国之君、百官朝谒的唐太宗能放下脸面，按理行事实在是难能可贵。

贞观五年（公元631年），太宗要求房玄龄不仅自己要向皇帝提批评和建议，自己也应该听取多方面的批评和建议，一个自己护短的人是不能够当好谏臣的，他积极按太宗的意思去做。

贞观六年（公元632年），太宗因韦挺、杜正伦、虞世南、姚思廉等上书提批评意见，赏赐了很多东西给他们，以示鼓励。唐太宗觉得为君不易，为臣更难，而做个好谏臣更是难上加难。

一次，他对臣下说："做臣下有时不顺从皇帝的意思就要被杀，实在是皇帝的过错。你们能够不怕触怒我，为了国家和社稷，各自尽忠职守，指出我的错误，这是我的福分，更是大唐王朝的福分，希望你们能坚持，为国家尽献自己的力量。"

韦挺经常上书纠正太宗的错误，太宗不但不忌恨他而且对他很赞赏，认为有这样的大臣辅助，天下才能够大治。

贞观七年（公元633年），唐太宗准备巡幸九成宫。

散骑常侍姚思廉进谏："陛下高居帝位，安定天下，救济百姓，应该使自己的欲望服从百姓，不能让百姓来服从自己的欲望。离宫游幸，是秦皇汉武做的事，不是尧、舜、禹、汤的行为。"言辞恳切周到。

太宗说："我有气病，天气热了，病情就加重，不是喜欢游玩，我很赞赏你的诚意。"

太宗赐帛五十段。

　　桂州都督李弘节素以清廉著称于世，贞观八年，李弘节去世。太宗听说他家还有珠宝可以出卖，就在朝廷上说："朝臣们都说李弘节清廉，可是听说他家人竟然在出卖珠宝，这样的人怎么能称得上清廉，简直是欺世盗名之辈，推荐的人也有一定的责任。"这件事看来似乎很有道理，但是却经不起推敲，不管是对死者还是推介的人都不公平，没经调查研究，凭道听途说就要治推荐人的罪，这分明不符合法律的程序。

　　魏徵又怎能放过这样一个进谏的好机会呢，他立刻对太宗说："陛下平时听说的是李弘节为官公正，又没有听说他收受财物的事，他家卖珠宝与他为官公正又不相违背，陛下怎么能因此处分推荐的人，这样做，会让天下正直的人都感到心寒。自本朝开国以来，为国尽忠、清正廉明、始终不渝的要算屈突通、张道源二人了。屈突通的三个儿子来京应考，只有共乘一匹瘦马；张道源的儿子因贫穷而不能自立，我没见到陛下有帮助他们的意思，而是让他们继续生活在贫困中。李弘节为国屡立功勋，陛下也曾多次赏赐，现在死了，他妻儿卖珠，能算有罪吗？更何况地方上没有人说他是贪官，还为他的死哀叹。陛下明知他为官清廉，不去慰问，反而因家中稍有资产便怀疑是贪官，连推荐的人都要处分，这真是让人无法理解。憎恨坏人是可以理解的，但不能不分青红皂白，一竿子打沉一船人。何况陛下对好人的关心也不深厚。我认为这种做法是不对的，如果有见识的人知道，会有所议论的。"太宗听后，拍着掌说："议论真是精辟，见解独到，我没有仔细考虑就随便说出这样的话，是我的过失。李弘节的这件事就不要追究了。屈突通、张道源的儿子可以各授一个官职。"

　　贞观十一年（公元637年），唐太宗说："我昨天往怀州，有人上书

139

说：'为什么经常派山东的人去搞修建，现在的徭役，不比隋代少，怀、洛以东，残人不堪其命，田猎却很频繁，骄淫之主，现在又来怀州打猎了，忠谏不再到洛阳了。'四时田猎，是帝王的常礼，我到怀州打猎，与民秋毫无犯。凡上书谏正，自有常准，臣贵有词，主贵能改。像这样的上书，简直是诽谤和咒骂。"

魏徵说："国家广开言路，所以上书的人特别多，陛下亲自批阅，是希望有可取之处，所以有人乘机宣恶言。臣下劝国君，要恰到好处，言语要委婉。汉文帝要去祭高祖庙，出便门，坐楼船，御史大夫薛广德拦车摘帽说：'应该从桥上过，陛下如果不听我的劝谏，我就要自刎，用我颈上的血洒在你的车轮上，使你进不得祖庙。'汉文帝不高兴。光禄大夫张猛说：'我听说君圣臣直，乘船危险，过桥安全。圣主不乘危险的船，广德的话应该听。'文帝说：'晓谕别人，难道不应该这样吗？'于是就从桥上过。以此言之，张猛真是直臣谏君啊。"

太宗听了，转怒为喜。

魏徵谏太宗的事例很多，且有很多是关系国计民生的重大问题，太宗一一听从，并改正了自己的错误，实现了贞观大治，如果没有虚怀若谷的性格，是听不进这些逆耳忠言的。

魏徵说："陛下能够励精图治，那么三皇就可以变成四皇，五帝就可以变成六帝，夏、商、周、汉不足道也。"

魏徵把唐太宗和传说中的理想君主相提并论，所以敢于犯颜直谏。任何人都有缺点错误，关键应看他是否听得进别人的批评和建议。

贞观十八年（公元644年），太宗对长孙无忌等说："臣下对帝王多顺从而不违逆，甘言而取容。我今发问，不得有隐，应依次列出我的过失。"

长孙无忌、唐俭都说："陛下圣明，使天下太平，我们看没有什么过失。"

刘洎则说："陛下拨乱反正，一心创业，实在功高万古，正如无忌等所言。但是前不久，有人上书，言语不合陛下意者，当面责问，使上书者羞愧而退，恐非鼓励进言者。"

太宗说："这话很对，我一定改正。"

有一次，太宗发怒，下令杀掉苑西监穆裕，太子李治进谏，太宗息怒。长孙无忌说："自古太子之谏，都是利用有利时期慢慢劝说，现在陛下盛怒，太子却犯颜直谏，古今未有。"

太宗说："与人相处，自然染上对方的习性。自我登基以来，虚心容纳正直之言，有魏徵朝夕进谏。自魏徵死后，刘洎、岑文本、马周、褚遂良等不断劝谏。太子从小在我的身边，耳濡目染，染以成习，故有今日之谏。"

贞观二十二年（公元648年），唐朝屡次发动战争开疆拓土，还大兴土木，百姓劳役越来越重，充容徐氏进谏指出："顷年以来，力役兼总，东有辽海之军，西有昆丘之役，士马疲于甲胄，舟车倦于转输。""虽除凶伐暴，有国常规，然黩武玩兵，先哲所戒。"又说："夫珍玩技巧，为丧国之斧斤；珠玉锦绣，实迷心之鸩毒。"徐氏通过这些事批评太宗。太宗对徐氏的进谏非常高兴，表示愿意纠正错误，还重重赏赐徐氏，鼓励其他后宫人员也进谏。

贞观时期谏诤成风，从朝野到后宫处处都有进谏之言，使太宗集多人的智慧来治理国家。这对于天下大治的形成有积极的作用，正确的决策对国家、对人民的好处是无可估量的。这一时期吏风变得清廉，生产迅速发展，经济逐渐繁荣，法制得到进一步健全，国家机构都沿着正常的轨道运转。这都与大家的积极进谏和太宗的从谏如流是分不开的，君主作为国家最高权力的拥有者，他的一言一行都关系到国家的命运，贤明的君主就会给人民带来安定的生活，清明的政治。

唐太宗胸怀大志，要干出一番惊天动地的事业，他集雄才大略和从谏如流为一身，位极人主而兼听纳下为一炉。这在中国古代历史上是非常罕见的，没有一个皇帝在这一点上可以和他相比。唐太宗极力推崇君臣合力共治，使得唐朝最终形成了贞观之治的盛世局面。由于君臣上下集思广益，考虑问题比较周到，所以一些好的政策能够及时推行，而那些"恶政"则能够及时得到匡正，从而避免了扰民现象。唐太宗"君臣事同鱼水，则海内可安"的合力思想对于后人来说，不失为一种宝贵的启示。

在太宗的倡导与鼓励下，二十多年间逐渐形成了官吏积极谏诤的良好风气，唐朝政治开明，经济也繁荣起来。

第三节　尊礼

马上打天下，马下治天下，这是人们早已熟悉的道理了。

每一个时代的开始，都要来一番"刀枪入库，马放南山"的演习，唐太宗能够创造贞观之治的奇迹，主要是"偃武修文"、注重文治的结果。

封建统治者为了更好地统治人民，就必须找一种礼仪来约束人民，唐朝之前，不论是六朝还是隋朝都很注重礼学。例如隋文帝就让牛弘收集南北朝的仪注修订成《五礼》。《五礼》内容丰富，礼仪繁多，长达130篇，可以称得上长篇巨著。隋炀帝即位后，为了使《五礼》更加完整，他聚集大量的礼仪官员到广陵，共同修订《五礼》，他们收集了南北所有的礼学，编成了《江都集礼》。

礼包括忠、孝、信、义、礼、廉、耻，说法不一样，本质是一个：培养和造就成千上万的顺民。

道德着眼长治久安，道德就是精神文明。儒学不可争胜，但是可以久安，儒学讲究道德。所以孔夫子的子子孙孙，至今享受祖宗荫蔽。

战争破坏了一切，也破坏了人们的日常行为规范，使天下变得乱七八糟。春秋时期，人们为了利益，不惜弑父弑君，把整个西周的一系列规章制度踩在脚下。

孔子惊呼礼崩乐坏，但却也无可奈何。他曾游说诸侯，推行仁政，复兴和制定日常行为规范。但各国君主都在追逐自己的利益，不把孔子的话放在心上，孔子也只好退而办学，使自己成为一个老教书先生，以期靠自己的学生完成自己的未竟伟业。当然孔子没有想到的是，几百年后，汉武帝把他的学问和思想定为至尊，更没有想到，历代帝王会不断追封他。

当李世民即位之后，在贞观初年的君臣共议治国方针时，许多追随唐太宗在外征战的将领（包括一部分文臣）纷纷主张"宜震耀威武，征讨四夷"，也就是继续以武力对外进行征服，以炫耀大唐帝国的军威和士气。

这些人之所以提出这一主张，固然有上述"震耀威武"的原因，之外，更主要的恐怕还在于他们对于行军打仗更为在行，而且边境地区仍然面临着一些少数民族的侵扰，所以他们认为借助初唐时期连战连胜的势头，就可以使"四夷"臣服，大唐帝国的境内就会消弭骚乱。然而，这个主张却遭到名臣魏徵的强烈反对。唐太宗问魏徵是何缘故，魏徵指出："偃武修文，中国既安，四夷自服。"随后魏徵又列举了历史上"偃武修文"趋于繁盛的大量实例，使唐太宗欣然接受了"偃武修文"的建议。

唐太宗这一治国方针政策的转变，实际上反映了当时社会发展的需要。由于隋末天下动荡，社会经济凋敝，百姓生活非常贫困，人们渴望有一个安定的社会环境。但是唐朝初年仍处于统一战争时期，百姓所盼望的安定局面并没有到来，直到唐高祖武德七年（公元624年）才基本平定各路豪强，从而为国家休养生息提供了有利条件。而且更为重要的是，在人心思定的情况下，以文治国比使用武力征伐更能取得明显成效，也更有利于维护统治集团的利益。显然，唐太宗李世民对上述情况深有了解，因此当魏徵提出"偃武修文"的文治方针时，他不顾其他大臣的反对，而是积极制定政策，努力推行，终于取得显著成效，奠定了"贞观之治"的盛世局面。

为了推行以文治国的方针，唐太宗首先推出了"尊儒崇经"的政策。自从汉武帝"罢黜百家，独尊儒术"以来，儒家经典学说一直被封建统治者奉为治国安民的指导思想，历代帝王无不尽力倡导，唐太宗当然也不例外。

　　唐高祖、唐太宗出身于关陇集团，对于儒学原来并不很熟悉，但为了统治的需要，他们在建立唐朝之后，也逐渐提倡儒学之道。如高祖武德二年（公元619年），令国子学立周公、孔子庙，四时致祭，并博求其后；武德七年，高祖亲至国子学，释奠于先圣、老师；武德九年，封孔子的后代为褒圣侯。

　　唐太宗即位后，又就如何评价与发挥周公、孔子之道的统治作用进行了讨论。唐太宗有一次对大臣说："周、孔儒教非乱代之所行，商（鞅）、韩（非）刑法实清平之秕政。道既不同，固不可一概论之。"大臣魏徵立即回答说："陛下言之有理。商鞅、韩非之道只能权救于当时，固非致化之通轨。治理天下臻于盛世，所重者莫过于儒家王者之道！"

　　对于儒学创始人孔子，唐太宗尤其尊崇。有一次他说："梁武帝君臣惟谈苦空，侯景之乱，百官不能乘马。元帝为周师所围，犹讲《老子》，百官戎服以听。此深足为戒。朕所好者，惟尧、舜、周、孔之道，以为如鸟有翼，如鱼有水，失之则死，不可暂无耳。"他认为孔子的儒家学说犹如鸟之翼、鱼之水，不可缺失，这足以说明他是将儒家学说奉为治国思想的。

　　唐太宗之所以如此重视儒学，是因为儒学对封建统治者来说有着妙不可言的功用。在《旧唐书·儒学传》中，历史学家为我们揭示了其中的奥秘："古称儒学家者流，本出于司徒之官，可以正君臣，明贵贱，美教化，移风俗，莫若于此焉。"显然，儒学具有维护封建等级、助益风俗教化的作用，因此当然受到唐太宗及其臣僚的青睐。

　　在这一思想的指导下，贞观君臣采取了一系列措施来尊儒崇经。《贞观政要·崇儒学》中对此有较详细的记载："贞观二年，诏停周公为先圣，始立孔子庙堂于国学。稽式旧典，以仲尼为先圣，颜子为先师，两边俎豆干戚之容，始备于兹矣。是岁，大收天下儒士，赐帛给传，令诣京师，擢以不次，布在廊庙者甚众。学生通一大经以上，咸得署吏。"可见不仅对孔子尊崇备至，连一般儒生也得到优遇。之后，唐太宗又诏令尊孔子为宣父，在兖州特设庙殿，拨20户民家供役。

此外，唐太宗又大力褒扬前代著名的儒学大师，给予他们的子孙以荫官待遇；对于经学大师，则不分南派、北派，"用其书，行其道"，只要对治理国家有所帮助，都兼收并蓄，各取所长。这样就极大地鼓舞了各地学子争相学习，在社会上形成了尊儒崇经的文化风气。

唐太宗尊儒崇经的另一个重要措施就是设置弘文馆。早在武德四年（公元621年），李世民被封为天策上将时，就在秦王府创设了文学馆，以此收聘人才贤士，成为李世民重要的政治顾问决策机构，并在玄武门之变中起到了重要作用。

唐朝当时的情况比较复杂，政治上的统一必然要求所有的东西都趋于统一，礼仪也不例外。但是南北礼学的差距甚大，隋朝曾经下了很大的功夫用于修订礼仪。唐初李渊刚进入长安之时，"天下方乱，礼典湮没"。于是李渊大致都是沿用了隋礼。唐太宗即位后，就在隋礼的基础上加以损益革新。贞观二年是礼仪制定的重要时期，房玄龄召集了许多礼仪官员，以隋朝的礼仪为依据，通过对社会的考察，制定了适用于唐朝的礼仪制度。这次制定的礼仪被命名为《贞观新礼》，历时五年，但是还有很多不完善的地方。

贞观七年（公元633年），也就是《贞观新礼》制定还没有多久，就发现礼仪制定有很多不足之处，唐太宗也不太满意，于是下令重修

《贞观新礼》。为了能修订得更完善一些，他同时任命房玄龄、魏徵等人一起参与修订，另外还命人找来当时著名的学者孔颖达、颜师古、李百药、令狐德棻等。到贞观十一年，礼仪再次修订完成，命名《贞观礼》，共有138篇。唐太宗下诏颁布天下，说："广命贤才，旁求遗逸，探六经之奥旨，采三代之英华，古曲之废于今者，咸择善而修复，新声之乱于雅者，并随违而矫正。"

唐太宗也对礼法很重视，时时注意自己的言行，尽量让自己符合礼法的规范。例如，他根据周礼对国君死了才避讳作了规定，他认为周文王在世时并没有避讳，春秋时的鲁庄公也没有避讳，所以规定"世""民"两字不连读的都不必避讳，以免引起用字的混乱。贞观中书舍人高季辅上表说，看到密王李元晓等人对皇帝的儿子互相下拜（回拜），认为这不符合"礼"的要求，因为他们都是王爵，就要以叔侄相待，不能违背常规。太宗下诏李元晓等人，对吴王李恪、魏王李泰致礼下拜，不能答拜。

礼仪制度是每个社会都需要的，而封建社会更重视礼仪，封建社会用礼仪制度来维护统治阶级的利益。用礼仪来教人们臣服于他们的统治，不要反抗。其中有很多不合理的礼仪制度，对人民毒害甚深，例如什么一女不侍二夫，君要臣死，臣不得不死；也有很多好的礼仪，一直流传至今。封建的礼仪制度是为上层阶级服务的，是维护森严的封建等级制度。

贞观四年（公元630年），太宗对大臣们说："近来听说京城的官员和百姓，在父母丧期中，有人竟然相信巫书，在辰日那天不哭，以此谢绝吊问，这是败坏风俗的行为，违背了人伦礼法，命令州县官员予以教育，一定要按丧礼的规定居丧。"

贞观五年（公元631年），太宗对大臣说："佛道施教化，本是行善的事，怎么能使和尚、尼姑、道士妄自尊大，坐着接受父母下拜呢？这是伤风败俗，违背礼法的行为，应马上禁止，仍要他们向父母下拜。"

贞观六年（公元632年），太宗对房玄龄说："近来山东崔、卢、李、郑四姓，虽然家世已衰落了，可是还依仗旧时的名望，自称士大夫，每当嫁女给别的家族，都索取大量财礼，败坏风俗，紊乱礼法，和他们的地位很不相称，应实行改革。"

唐太宗命高士廉、韦挺、岑文本、令狐德棻等人修订氏族志，高士廉等人仍把崔民干列为第一等。太宗说："有的人才能低下，还以为门第高贵而悠然自得，贩卖祖宗的名望。我不理解社会上为什么看重地位，士大夫应该立德立功，善事君父，忠孝可称，或者道义素高，学艺宏博，才能成为高尚门第，才可称为大丈夫。现在崔、卢这些家族，只是夸耀先辈，怎么能和本朝的大臣们相比呢？你们仍把崔氏作为第一等，是轻视我给你们的官爵。"

于是崔氏列为第三等。按当时的官，崔民干只是个侍郎，不应列到第三等，但已把皇族立在第一等，外族列第二等，太宗不再坚持。

太宗下诏："不准因自称高尚门第而索取钱财，纠正因自称门第高而不孝敬公婆，从今以后，明白告示，使大家懂得嫁娶的仪式一定要符合礼法。"

同年，礼部尚书王珪的儿子王敬直娶太宗女南平公主。

王珪说："《仪礼》规定了媳妇有拜见公婆的礼节，近代风俗败坏，公主出嫁，拜见公婆的礼节都废了，现在皇上英明，一切都按照礼的原则办事。我接受公主的拜见，不是为了抬高自己，而是要全国树立崇尚美德的社会风气。"

王珪和妻子坐在公婆的位置上，命公主拿着帕子，行洗手进食的礼节。太宗听到后非常赞成。从此以后，公主下嫁，如父母健在的，都要完成这一礼节。

太宗说："昔周公相成王，制礼作乐，久之乃成。逮朕即位，数年之间，成此二乐五礼，又复刊定，未知堪为后世法否？"

魏徵称赞说："拨乱反正，功高百王，自开辟以来，未有如陛下者也，更创新乐兼修大礼，自我作古，万代取法，岂止子孙而已。"

除了官修《五礼》外，还盛行私人的礼学研究，出现了不少著名的"三礼"专家。

于是，"礼"制约着各种社会关系。

贞观十一年（公元637年）十一月，太宗在洛阳宫积翠池宴请群臣，赋诗一首：

日昃玩百篇，

临灯披"五典"，

夏康既逸豫，

商辛亦流湎，

姿情昏主多，

克己明君鲜，

灭身资累恶，

成名由积善。

魏徵也作诗道：

终藉叔孙礼，

方知皇帝尊。

太宗很高兴，说："魏徵一开口，就要我以礼作为行动的准则。"魏徵的诗中引用了刘邦的典故，刘邦当上皇帝后，叔孙通为他制定朝礼，刘邦高兴地说："到了今天，我才感到皇帝的尊贵。"魏徵所说的"叔孙礼"即指此。

贞观四年（公元630年）八月，太宗下诏："常服未有等第，自今三品以上服紫，四品、五品服绯，六品、七品服绿，八品服青，妇人从其夫色。"

贞观十二年（公元638年），太宗因诸侯来京朝拜的人都租房子住，与商人杂居，仅能安身，接待之礼不充分，命令用京城的空地，为各州来京的朝集使造府第，完工后太宗还亲自去视察。

贞观十三年（公元639年），礼部尚书王珪上奏：按照礼法，三品以上官员在路上遇到亲王，不应该下马，现在都下马，违背了礼法。

太宗说："你们想抬高自己而贬低我儿子吗？"

魏徵说："魏晋以来，亲王在三公之下，现在三品和六部九卿给亲王下马，这是不适当的，旧时的礼法没有这样的先例，现在的礼法也无规定。"

太宗说："太子是准备继承皇位的，假若没有太子，就要按同母弟依次立为太子。按这种推断，你们不能轻视我的儿子。"

魏徵说："商朝有兄死传弟的事，自周朝以来，太子必立长子，以断绝庶子非分之想，堵塞祸乱根源。治理国家的人对此要十分谨慎。"

太宗准奏，三品以上官员见亲王不再下马。

贞观十四年，太宗对礼官说："同住在一起的人死了，还要为他穿缌麻，而叔嫂间却没有丧服，舅父和姨妈，亲疏差不多，丧服却不同，都不合礼法，其余有亲情而丧服轻的，也要上报。"

就在这个月内，尚书八座和礼官研究后上奏："礼是用来判疑惑、定迟疑、辨异同、明是非的，不是从天上来的，也不是从地上生的，是人的感情决定的。人们的关系首先在于九族和睦，九族和睦要从最亲的人开始，由近及远，亲属因有亲疏而有差别，丧事的礼数就要依次减少。舅舅和姨妈，虽然是同辈，但是从母亲分上看，舅是母本家，姨妈是外姓亲戚，姨妈不在母族之中。现舅丧服三月，姨五月，失掉了根本，应调整。曾祖父母，旧服丧三月增为五月，嫡子妇、旧丧服九个月，增加为一年，其他子妇，旧服五个月，请增为九个月，嫂和小叔，过去无丧服，现服五个月，给弟弟的妻子和丈夫的哥哥服五个月，舅舅增加和姨妈一样，服五个月。"

贞观十七年（公元643年）十二月癸丑，太宗对侍臣说："今天是朕的生日，民间以生日为喜庆之日，在朕看来，大为不当。"他说子路对父母非常孝顺，自己吃粗糙的饭食，而把米留下来侍养父母。当他父母去世后，子路就说再也不能背米侍养双亲了。"况且《诗经》云：'哀哀父母，生我劬劳。'为什么为自己的生日而劳累父母呢？这种做法不符合礼法。"太宗的这种观点与传统的习俗不太一样。但他的这种提法确实新颖别致。

唐太宗即位之后，及时调整了统治方向，由武德年间的重武轻文改变为偃武修文，并采取了相应的措施，因而使唐太宗统治的贞观时期，出现了我国封建社会少有的繁荣盛世景象——贞观之治，这显然应归功于唐太宗以武拨乱、以文治国的政治策略。这对当今社会其实也是一种有益的历史经验借鉴。

太宗用礼仪来影响人们的行为活动，协调人和人之间的关系，使人民在自然而然中接受一种有利于上层阶级的思想，接受被统治的现状，从而达到稳定社会的目的。

第四节　以法治国

唐太宗能把国家治理得那么好，原因是多方面的，但重要的一点是健全的法律制度和从皇帝到大臣都依法办事。不滥施刑法就不会引起民愤，人民安居乐业，社会自然就会得到大治。可以肯定的是，贞观之治得以实现的重要保障就是法治。

有人曾说：中国古代的法律是统治者从自己的利益出发而制定出来统治民众的工具，而西方的法律则是民众通过斗争而制定出来的保护自己的武器。此说难免片面，但是有法比无法好，合理的法比不合理的法好，严格执法比有法不依、有禁不止好。"天子之怒，伏尸百万，流血千里",唐太宗是一个封建皇帝,但是在他的统治下,唐帝国一年只判了29人死刑。

治世抓人心,加强道德教育,唐太宗大概如此;乱世拘人身,严法苛刑,杀人尤恐不多,此即秦皇暴政。

唐太宗治本,秦始皇治标,治本胜于治标。

上古的法规,是在人们习惯的基础上建立起来的。人们的行为规范是以道德为基础的,绝大多数人不会受到法律的制裁。法的出现,是为了规范那些不受道德约束而为非作歹的人。

道德是自觉的,人们违反道德规范的行为,一是受到自己良心的谴责,二是会受到社会舆论的谴责,没有强制性;法律则不同,它具有强制性,是以国家机构的暴力为后盾的,它是用来调节道德不能调节的人际关系的。

法律调节的范围还是很有限的,商纣王滥施刑法,导致天下大乱,民不聊生;周文王在西岐实行仁政,辅之以法治,天下太平,人民安宁。据说西岐人犯罪,不用监狱,执法者在地上画一个圆圈,犯人就会自觉地站在圆圈里等候处理。

秦始皇按法家理论,严刑峻法,人们动不动就犯死罪,人人自危,不知什么时候,脑袋就会搬家。严刑峻法并没压住人民,一个强大的王朝,只维持了14年就如一股浓烟,消逝在历史的万里长空,只留下了遗憾和愤怒。

刘邦本一介草民,有幸成为起义领袖,他本人就是被秦法逼上"梁山"的。他深知,人民痛恨秦法,他入关后,首先就是废除秦法,与关中父老约法三章,得到关中父老的拥护和支持。后来萧何定律,成了历代法律的典范。

文景时期，刑法简略，人民安定，才有了中国历史上的"文景之治"。

隋文帝减轻法律，使人民在较为宽松的环境中生活，休养生息，才有"开皇之治"。没想到隋炀帝无法无天，滥杀无辜，既不讲丝毫的信义，又无章法可循，不久天下大乱，民怨沸腾，民变风起，很快也就灭亡了。

李渊进入长安，向关中父老约法十二条，算是法律减轻。李渊的做法是在隋炀帝暴政的基础上做出的明智选择，人们在严刑酷法之下，忽然宽松下来，当然会欣喜若狂。但是话又说回来，人们在宽松的环境下生活又感觉烦躁不堪，没有法律就会使社会治安混乱不堪。

唐太宗即位后，就曾说过："国家大事，惟赏与罚。赏当其劳，无功者自退；罚当其罪，为恶者咸惧。"唐太宗能把法律置于个人之上，这种思想观点在封建帝王中屈指可数。要想赏罚分明，就必须有相应的法律、法规作为衡量的标准。

要制定相应的法律，就必然要涉及立法的原则，为此朝廷上下都展开了激烈的争论。有人主张威刑严法，魏徵坚决反对，认为皇上以仁恩为政之本，应该爱民厚俗。

太宗采纳了魏徵的意见，以宽仁治天下，慎刑宽法成为立法的理论基础。

魏徵说："仁义是治理国家的本，刑罚是治理国家的末；专尚仁义，当慎刑恤典。"

贞观元年（公元627年），太宗对大臣们说："人死不可复生，用刑法一定要宽简。古人说：'卖棺材的人，希望每年都发生瘟疫，不是仇恨人类，而是卖棺材可以赚钱。'现在办案的人，想借此来应付考核，得到提升。用什么办法，能使办案公平呢？"

谏议大夫王珪说："只要选择公正善良的人，断案公允恰当的，增加俸禄，奸伪就会停止。"

太宗下诏颁发天下。

太宗说："古代判案，必须要征询三槐、九棘，就是现在的三公、九卿。从今以后，判死刑的，要由中书省、门下省四品以上的官议论，如此，希望能避免冤案和量刑过度。"

太宗命吏部尚书长孙无忌等学士法官制定法令，改绞刑五十条为断右趾。

太宗认为太残忍，说："肉刑早已废除，应该换一种刑罚。"

有人建议改为流放三千里，徒刑三年。

太宗下诏颁行。

戴胄是一名清正廉明的法官，被提升为大理寺少卿。太宗因在选拔官吏中有人伪造资历，令其自首，不自首者处死。不多久，就抓到这样的人，太宗命令斩首。

戴胄说："按法律应该流放。"

太宗发怒说："你要守法而使我失信吗？"

戴胄说："皇上的旨意出于一时的喜怒，法律是以国家的名义颁发于天下的，按律定罪而不是凭个人的喜好，这就是忍小愤而存大信。"

太宗转怒为喜，说："你能执法，我还有什么忧虑呢？"

戴胄多次否定了唐太宗的个人意见，他执法如山，有理有据地说服了太宗，太宗都同意了戴胄依法办事的意见，天下很少有冤案。

死刑的三日五覆奏，是唐太宗对人命的重视。

贞观五年，张蕴古任大理寺丞。相州人李好德向来有疯病，说了诳语，太宗下令抓进监狱。

张蕴古向太宗说："李好德的疯病是有证据的，按法律对精神病患者不该治罪。"

太宗答应赦免，张蕴古把太宗的旨意告诉了李好德，又和李好德博戏，被权万纪弹劾。太宗大怒，将张蕴古斩于东市，随后又后悔了。

他对房玄龄说："你们食君主俸禄，必须把君主的忧虑作为自己的忧虑，事无大小，都应留意，不问你们，你们就不说，不合理的事也不劝阻争论，还说得上辅佐我吗？像张蕴古身为法官，和囚犯游戏，泄露我的旨意。罪行严重，但按法律，达不到死刑，我当时非常愤怒，马上下令处死。你们竟然没有一个人说一句话，主管部门又不回奏，就执行了死刑，这样治国怎么会清明呢？"

唐太宗于是下诏，凡判处死刑的，已经下处决令的，都要三日五次回奏。如果法官不按司法程序进行，将受到严厉的惩罚。不经回奏就处决死刑犯的，判流放两千里；奏报得到批准后，要三日后才能行刑，如果不满三日就行刑的判一年的徒刑。

为了保证不出现刑讯拷问，屈打成招的冤案，唐太宗健全了刑讯制度，下诏"对罪人不得鞭背"，以免造成死亡。并在法律中规定，要正常审讯，如果法官违法进行拷讯，要处以"杖六十的刑杖"的处分。拷讯不得超过三次，总共不得超过二百下。拷满不承认的，取保释放。如果把犯人拷打致死，以过失杀人罪论处。

青州发生了一次"谋逆"事件，地方州县抓了很多人，个个带上刑具，遭到严刑拷打。监狱里关满了犯人，重刑之下，屈打成招。朝廷派崔仁师前去处理。崔仁师一律去掉刑具，给"犯人"饮食，用热水沐浴，并安慰他们，从实际情况出发，结果只抓了十多人，其余的全部无罪释放。

在司法中，有人为了达到自己的目的，或报私仇，会诬告其他人。

贞观三年，魏徵任秘书监，参与朝政，长安行霍、行斌上书诬魏徵谋反，唐太宗当然不信，因谋反罪是要处死刑的，诬告者被处以斩刑。

贞观九年八月，岷州都督、盐泽道行军总管高甑生没按规定的时间率军到达，被李靖处分。高怀恨在心，诬告李靖谋反，调查结果无任何证据，高被判死罪，减刑流放边陲。

有人说，高甑生是秦王府的功臣，应该宽赦。

太宗说："高甑生不听李靖指挥，又诬告李靖谋反，这样的行为都可以宽赦，法律怎么实施？国家自晋阳起兵以来，功臣很多，若都获免，人人都可以犯法而得免，国家还怎么治理？我对过去的功臣是不会忘记的，但为了维护法律的尊严而不能赦免。"

贞观时期司法制度很严格，但这不是太宗立法的本意，太宗立法的本意是使臣民共同守法，用法律制裁人民是不得已而为之的办法。在《贞观政要》里唐太宗对戴胄说："但能为我如此守法，岂畏滥有诛夷。"这正是贞观时期法治达到的效果，从平民到上层人人都能守法，不是因为唐朝的人比前朝的人好，而是由于完善的法律制度。

据记载，当时社会状况是："深恶官吏贪浊，有枉法受财者，必无赦免。在京流外有犯赃者，皆遣执奏，随其所犯，置以重法。由是官吏多自清谨。制驭王公、妃主之家，大姓豪猾之伍，皆畏威屏迹，无敢侵欺细人。商旅野次，无复盗贼，囹圄常空，马牛布野，外户不闭。"虽然说这有夸大之辞。但是，贞观一代，执法严格，吏治清明，社会安定，则是无法否认的事实。

贞观时期，法律能实施得比较好，自然不会是凭空而来的，是经过很多人的努力才达到贞观盛世的效果。

唐太宗以法治国，自己也遵守法律。

唐太宗虽然自认是天之子，但他毕竟也是凡人，是人就不可能事事都完美。他虽平时作风果断，比别人看得远点，但有时也会犯错误，"临朝断决，亦有乖于律令者"之事。但唐太宗与一般的君主有很多不同之处，他能称得上一代明君。唐太宗与众不同之处，就是能勇于承认自己的错误，并自觉改正。单从这一点看，他就比其他君主明智得多。唐太宗认为，自觉守法，并非小事，尤其是以他的身份，做到自觉守法，其影响非同小可。例如，广州都督党仁弘一案，就是一个典型例子。党仁弘在任期间，不为百姓着想，反而到处扶强凌弱，中饱私囊，强抢民女，擅自赋敛。在他管辖之内，民愤冲天，怨声载道。后被人告发，应当判处死罪。唐太宗怜其年老，又念其元功，从宽发落，"贷为庶人"。这显然不符合法律程序，唐太宗为此"请罪于天"。众大臣认为太宗"宽仁弘不以私而以功，何罪之请"。尽管如此，他还是认为自己有很大的责任，说自己有三罪，即知人不明、以私乱法、未能善赏恶诛。太宗的君主风范、博大胸怀着实令人敬佩。

唐太宗有时也不能尽知自身的缺点，所以要求大臣经常提醒他自觉守法。贞观十一年（公元637年），魏徵直言进谏："今之刑赏，未必尽然。或屈伸在乎好恶，或轻重由于喜怒。遇事则矜其情于法中，迁怒则求其罪于事外。"魏徵同时对太宗和执法大臣提出了批评，但要唐太宗带头承担责任，带头守法，唐太宗"深嘉而纳用"。同年，他听说法官审案失之公允，便立即诏见大理卿刘德威，问道："近日刑网稍密，何也？"刘德威解释说："此在人主，不在群臣，人主好宽则宽，好急则急。改变此风的办法是，陛下傥一断以律，则此风立变矣。"唐太宗听后颇有感慨，遂令宽刑轻法。如贞观十四年（公元640年），有一个州刺史名叫贾崇，手下人犯了"十恶"大罪而被御史弹劾。按法律应该连坐，但太宗认为上古的圣贤都不能避免其亲近人中有不贤者，如陶唐氏是大圣人，其子丹朱却不贤；柳下惠是大贤，其弟盗跖却为巨恶大盗。他们都不能感化自己的亲人改恶从善，却要求如今的刺史做到这一点，岂不是强人所难吗？太宗进而分析说："如果因此而使刺史连坐，以后恐怕大家都互相掩盖罪行，使得真正的罪犯得不到惩治。"于是规定今后诸州有犯"十恶"者，刺史不再连坐，但必须认真察访捕捉罪犯，肃清奸恶，"由是断狱平允"。

唐太宗带头守法，也要求臣下遵守法纪、严格执法。

律令颁布之后，能否得到严格的执行，是一个十分重要的问题。单单君主守法不行，最重要的是执法者守法，严格按法律行事，如果立法者不遵守法制，法官们上下其手，违法办案，法律制定得再完备也不过是一纸空文而已。唐太宗对这些道理有着深刻的认识，他经常说："法者，非朕一人之法，乃天下之法。"如果说，魏徵督促君主带头守法是可嘉的话，那么，唐太宗训诫臣下遵守法纪、严格执法也是可取的。君臣互励，相得益彰，才能吏清民安，社会安定。

唐太宗鉴于隋末官吏违法过滥的历史教训，要求臣下严格守法。在唐太宗的倡导下，唐初循良辈出，执法公平，形成了"法平政成"的局面。贞观元年，唐太宗发布诏令，指出律令已颁，"内外群官，多不寻究，所行之事，动乖文旨。"谆谆告诫臣下以后如有违犯，严加惩罚。尔后，唐太宗又对大臣说："朕见隋炀帝不以官人违法为意，性多猜忌，惟虑有反叛者。朕意不然，但虑公等不尊法式，致有冤滞。"从以上内容可见唐太宗的苦心，只是担心臣下是否奉公守法。史称："太宗皇帝削平乱迹，湔洗污风……以是人知耻格，俗尚贞修，太平之基，率由兹道。""人知耻格"是遵法守法的思想前提，"俗尚贞修"则是官风淳朴的事实反映。

贞观四年（公元630年），他对大臣们说："每天都孜孜不倦于国事，不仅仅是担忧老百姓，也要你们能长守富贵。天非不高，地非不厚。我常兢兢业业，以畏天地，你们如能小心守法，常像我一样畏天地，不仅是百姓安宁，自身也常得安乐。古人说：'贤者多财损其志，愚者多财生其过。'这话应引以为戒，如徇私贪污，不但破坏了公法，损害了百姓，即使事情未暴发，你内心岂能不恐惧？恐怕多了，也有因此而死的。大丈夫岂有苟贪财物而害生命使子孙感到羞耻呢？大家应深思啊！"

贪官污吏，为人们所切齿；惩治贪官，历来大快人心。

濮州刺史庞相寿，是个臭名昭著的贪官。贞观三年，受到退赔撤职的处分。他上书向唐太宗求情，说自己原是秦王府的人，希望宽恕。唐太宗认为他之所以贪污，是因贫困，命赐给绢百匹，不予治罪，并回去复职。

魏徵立即进谏："因故旧而徇情枉法是不对的，对贪污者还要赐给钱物，还让他继续当官，无助于他弃旧图新，改恶从善。秦王府旧人很多，如果人人犯法而不受到严惩，那么其他人就不服，亲朋故旧就会藐视法律。"

太宗高兴地采纳了魏徵的意见，找庞相寿谈话，说："如今我为天子，是四海之主，不能偏怀自己的亲朋故旧，如果重新任用你，别人就会有意见，就不再诚心诚意为国家办事了。"

那个贪官无言以对，只好流着眼泪走了。

贞观四年，太宗告诫各级官吏，不要干既损百姓又损自己的徇私贪污的坏事。为了严肃法纪，对重大的贪污犯均处死刑，在行刑时，诏令各地来京官员观刑。

贞观六年（公元632年）十二月，太宗亲自查看囚犯名册，见有判死刑者，顿生怜悯之心，让他们回家，到第二年秋天回来受刑。接着颁诏天下，凡死刑犯全部放回家，第二年秋天按期到京城。贞观七年九月，所放的死刑犯390人，在无人监督和催促的情况下，都按期来到长安报到，无一人逃跑。太宗下诏，全部赦免。

太宗即位以来，不轻易颁布大赦令，尤其反对一年中数次大赦。他认为大赦是赦免了贼人，危害了百姓。大赦还有一个弊端，就是频繁赦免，使小人存有侥幸心理，从而导致犯罪率上升。太宗引用古人的话说："赦者小人之幸，君子之不幸。"这种想法也是不无道理的，可以真正使法律达到惩戒罪犯的作用。

贞观大治，最典型的是贞观四年，这一年，创造了至今判处死刑最少的年份。这是唐太宗治理天下的大智慧，也是中国封建历史上的奇迹。

第五节　修史

唐太宗贞观年间，共修正史八部：《北齐书》《周书》《梁书》《陈书》《晋书》《南史》《北史》《隋书》，用司马迁以来两千多年的百分之一的时间，完成了全部二十四史的三分之一，可以说盛况空前。

《增广贤文》里说："观今宜鉴古，无古不成今。"以铜为镜，可以正衣冠；以史为镜，可以见兴替；以人为镜，可以明得失。要想把国家治理得更好，历史的经验就值得注意和借鉴。人类总是在不断地总结经验，不断发展，不断前进。治国更是如此，没有反面的历史，国君就不会正视治国的重要性。明智的国君，更重视从历史中吸取教训。

社会的发展和进步，要借鉴历史，孔子在《春秋》里的微言大义，表现了他对历史人物和事件的褒贬，也表现了他的儒家历史观。春秋战国时的史书，主要是以《春秋》为蓝本衍生出来的《春秋左氏传》《春秋公羊传》《春秋谷梁传》。来历不很明白的《国语》《战国策》等书，很难说是出自春秋战国人之手，多是西汉时人们伪托或整理。

汉武帝时，统一的大帝国已经形成，总结中国的历史，用作治国的一面镜子，已成为历史大趋势，也具备了充分的条件。于是太史公"究天人之际，通古今之变，成为一家之言"的历史巨著《太史公记》就诞生了。该书记载了从黄帝到汉武帝三千多年的历史。东汉班固兄妹作《汉书》，总结了西汉帝国兴衰的历史经验和教训。晋人陈寿作《三国志》，南朝人范晔作《后汉书》，在五个多世纪的历史长河中，产生了二十四史中的前四史。

武德四年（公元621年），李渊下诏修梁、陈、齐、周、隋、魏六朝正史，未能完成。贞观三年，太宗下诏重修，任命房玄龄为总监，命令狐德棻、岑文本修《周史》，李百药修《北齐书》，魏徵修《隋书》，思廉修《梁书》《陈书》《晋书》，由房玄龄主修，后因房玄龄事太多，唐太宗令魏徵任主修。私人修史也很活跃，有李延寿修的《南史》和《北史》。

《隋书》主编魏徵是贞观时代的著名谏臣，披肝沥胆，光照古今，他主编的《隋书》可称"良史"，材料取自王劭的《隋史》18卷、王胄的《大业起居注》。《大业起居注》因战乱散失很多，魏徵采用了很多补救办法，他多次访问在隋朝生活过的老人，特别是访问了像孙思邈这样的人。这些人说起他们所经历的事，就像发生在眼前一样。魏徵注重参考隋代子孙的回忆录、家谱，通过对照、比较，三人说有两人相同的，就以两人为准。对传闻不取孤证，必须通过校订能够印证的方才采纳。《隋书》纪传多出自颜师古、孔颖达之手，这两人都是名儒后代。孔颖达是孔子的后代、汉代名儒孔安国的直系子孙；颜师古是复圣颜渊的后代、南朝学者颜之推之孙，有深厚的家学渊源，博学多才，精通文史。魏徵进行了全面的修改和订正，达到简洁、明快。在绪论中，对隋朝得失，特别是二世而亡的历史经验的总结有很多真知灼见。隋书共55卷，于贞观十年（公元636年）定稿。

《北齐书》主编李百药是隋末唐初有名的大学者。贞观六年，太宗拜为中书舍人，赐爵安平县男，贞观二年，任礼部侍郎。贞观五年，和于志宁、孔颖达、陆敦信在弘教殿讲学。他的父亲李德在齐朝时修创纪传书27卷，开皇初续写增多38篇。李百药以此为基本材料，参考王劭编年体《齐志》16卷，还参考了其他书籍和资料，于贞观十年（公元636年）定稿，共50卷。

《周书》主编令狐德棻，博学多才，广涉经史，是著名的历史学家，他在西魏史官柳虬所撰《北周起居注》和隋代牛弘的《周纪》18篇的基础上，征集材料加以补充，于贞观十年完成，共50卷。

《梁书》《陈书》的主编姚思廉是著名的史学家。他参考梁朝谢昊的《梁书》、陈朝许亨的《梁史》、顾野王的《陈朝国史纪传》、陆琼的《陈书》，主要取材于他的父亲姚察在陈、隋之际编写的梁、陈史遗稿。《梁书》56卷，《陈书》36卷，于贞观十年成书。

《晋书》由房玄龄署名主编，但参加编写的人却很多。晋朝离唐代的时间较远，此前的历史学家已修有晋史20多种。唐太宗时，有3种已佚，它们分别是沈约、郑忠、庾铣所编，现存在的有18种。但质量很差，唐太宗为了总结晋朝短暂的统一后就灭亡的经验教训，于贞观二十年闰二月下诏重修。任命宰相房玄龄任总编，参加的学士很多，后又命褚遂良、许敬宗和房玄龄一起监修，参与的著名史学家有令狐德棻、李淳风、李义府、李延寿等18人，分工修撰，采用几十部正史和稗官野史。正史包括东晋干宝的《晋纪》、刘宋何法盛的《晋中兴书》，这是南朝齐隐士臧荣绪将以上两书合编的本子。野史，指笔记小说，如干宝的《搜神记》、伪托陶渊明的《搜神后记》。《晋书》用两年的时间完成，有帝纪10卷，志30卷，列传70卷，载记30卷，共140卷。

唐太宗亲自给晋宣帝、晋武帝、陆机、王羲之的纪传写了史论，是历史上唯一由皇帝给写史论的一部史记，称为御撰。

因《周书》《北齐书》《梁书》《隋书》体例不全，只有纪传，没有志。太宗于贞观十五年下诏任命于志宁、李淳风、韦安仁、李延寿等续修史志，但未完成。高宗永徽六年续修，命令狐德棻监修，永徽三年，改由长孙无忌监修，显庆六年（公元661年）书成，共10志，30卷。

唐太宗为了表彰修史有功人员，加封总监魏徵为光禄大夫，晋爵郑国公，赐物2000段；姚思廉赐彩绢500段，加通骑直散常侍；令狐德棻绢400匹；李百药物400段，升为散骑常侍，行太子左庶子。在嘉奖令中说："用数年的时间修成五代史，甚合我意，值得嘉奖。"

唐太宗不仅重视修撰前代历史，更重视当代历史。贞观年间的当代史有国史、实录、起居注三种。

贞观三年（公元629年），唐太宗置史馆，由宰相监修国史，首任监修官是房玄龄。房玄龄是贞观名相，为人正直，史官邓世隆、顾胤、李延寿，是当史有名的历史学家，敢于仗义直笔。唐太宗想读一读国史，他对历代帝王不读国史的做法表示不满。他在贞观十四年说："不知为什么国史不让当代的帝王看见。"房玄龄回答说："国史善恶秘书，国君哪里有没有缺点的，史官怕犯忤逆，所以不能让国君看到。"太宗说："我的看法和古人不同，现在我要看国史，如果我做得对，这不用说；如果我有缺点错误，好以它作镜子，便于改正。你们可以呈上来。"

贞观十四年，太宗要房玄龄编写实录。按惯例，当朝是不修实录的，房玄龄等将国史删减，写成编年史，高祖、太宗实录各20卷，于贞观十七年送给太宗，实录的时间从创业开始到贞观十三年。这是唐初的第一部实录，也是有史以来最详备的实录。太宗下诏表彰房玄龄，赐物

1500段，封修撰许敬宗为高阳县男，赐物800段。

因为实录要给皇帝看，史官难免曲笔，特别是像许敬宗这样的史官，在实录中记载玄武门之变时，将事实隐去，太宗认为不妥，要房玄龄转达旨意：史官执笔，不要曲隐，削其浮词，直书其事。玄武门之变与"周公诛管蔡而周室安，季友鸩叔牙而鲁国宁"相类，是"安社稷、利万民"的义举。

起居注是古代史官记载帝王的言行录，唐太宗很重视对起居注的编写工作。

贞观初，除设起居郎以外，还命其他官做起居注兼职工作，叫"知起居注"。贞观三年，杜正伦由人事中兼任知起居注。贞观十五年，褚遂良由谏议大夫兼知起居注。这些都是皇帝的亲近侍臣，详细地记录了唐太宗的言行。起居注为修撰历史提供了丰富的资料。

起居注史官秉笔直书。

杜正伦对唐太宗说："皇上的一言一行，我都要记下，这是我修起居注的职责，我不敢不尽职尽责，陛下如有一句话违背了道理，关系到千秋圣德，不只是对当今百姓有损。"

太宗大喜，赐绢200段。

贞观十六年（公元642年）四月，太宗对褚遂良说："你知道起居注的内容，我可以看吗？"

褚遂良说："善恶全记，使君主不敢为非，没听说过要给皇上看。"

唐太宗又问："我有不对的地方，你也记下了吗？"

褚遂良回答说："不敢不记。"

刘洎在旁边说："即使遂良不记，天下也会记的。"

太宗说："应该这样。"

太宗以前所未有的规模修史，是为了以史为鉴，特别是吸取隋朝二世而亡的教训，他对隋书的修撰极为重视，让著名政治家、史学家魏徵担任主编。

魏徵总结了隋朝灭亡的原因："隋的得失存亡和秦相似。"

唐太宗说："秦始皇七年初平六国，拥有四海，到晚年不能善守，可以引以为戒。"

太宗对魏徵说："秦始皇亦英雄之主，平定六国，以后才免其身，至子便亡其国。"

他还说："周武平纣之乱而有天下，秦皇因周之衰遂吞六国，其得天下不殊，祚运长短若此之相悬也。""周秦初得天下，其势不异。"

唐太宗把秦始皇和被历史公认的圣君周武王相提并论，充分肯定了他的功绩，但又从他身上探求秦朝灭亡的原因，认为选赵高为胡亥的老师是一大失策，最后导致秦朝的灭亡。隋炀帝亡隋，可以从隋文帝那里找原因。

晋武帝司马炎，在分裂了半个世纪的基础上重新统一了中国，唐太宗肯定他的功绩，认为统一后的中国"民静俗和，家给人足"。但是"曾未数年，纲纪大乱，海内版荡，宗庙播迁"。究其原因"失慎于前，贻患于后"。居安不思危，立嫡易失才，封诸王变亲为疏，削弱中央集权。唐太宗以此用来教育他的儿子，吸取晋亡的教训。

唐太宗推崇汉初的三个皇帝，汉高祖、汉文帝、汉景帝。但是汉高祖杀戮功臣，汉景帝错诛晁错，太宗都有所指责；对汉文帝，太宗予以充分的肯定。汉文帝的农本思想、君臣一体思想、人道主义思想、民族德化思想、感化思想都在太宗贞观之治中得到借鉴和发扬。

贞观初，群臣建议修一高阁，以避殿中潮湿。太宗说："汉文帝要修露台而惜十家之产，我德不如文帝，怎么能说这是为民父母呢？"没同意修高阁。

贞观十一年（公元637年），马周上疏："汉朝文帝、景帝，勤俭爱民，武帝继承了巨大的财富，故能穷奢极欲而不至于乱。如果高祖之后便传位给武帝，汉朝怎么能够长久呢？"唐太宗称赞不已。

今人以为《史记》优于《汉书》，唐太宗则特别重视对《汉书》的研究。贞观时代出现了"汉书热"，比较有名的著作有刘伯庄的《汉书音义》20卷，他的儿子刘之宏子承父业，继续研究《汉书》；秦景通弟兄研究汉书，名气很大，称"大秦君"、"小秦君"；姚察著《汉书训纂》，他的儿子姚思廉继承父业，他是有名的历史学家，贞观修史时，主编《陈书》；颜师古注《汉书》120卷，有很多独到的见解。他的叔父颜游秦，著《汉书决疑》12卷，被当时的学者称颂。颜师古就是继承了叔父和祖父的家学。

唐太宗的历史观是借鉴古人，不厚古薄今，坚持今胜于昔的观点，充分肯定现实的成就。

贞观五年，唐太宗说："自古帝王不能经常教化天下，如果国内安定，必有外敌侵扰，现在是远夷率服，五谷丰登，盗贼不作，内外宁静，这不是我一个人的功劳，是大家辅佐的结果，安不忘危，理不忘乱。"充分肯定贞观成就，又不忘历史的教训。

贞观六年，太宗说："自古君主为善者，多不能坚持。汉高祖是泗水一亭长，初能拯危诛暴，以成帝业，十多年后，由于纵逸，功业就保不住了。汉惠帝是嫡长继承人，温恭仁孝，高祖却偏爱宠姬之子，欲行废立。萧何、韩信，功业甚高，萧何被囚禁，韩信被贬，既而被杀。黥布等功臣害怕而反叛……我经常居安思危，力求善始善终。"

历史的经验为唐太宗处理君臣父子的关系提供了一面镜子。

贞观九年，唐太宗说："我无为而治天下，四夷威服，不是我一个人能办到的，实赖诸公之力，当思善始善终，永固鸿业，子子孙孙，递相辅翼，使丰功厚利，令数百年后读我国史，灿然可观，难道只有隆周、盛汉、建武（东汉光武年号）、永平（东汉明帝年号）才值得称道吗？"

房玄龄说："陛下谦虚，把功劳让给群臣。根本的是陛下盛德，希望陛下有始有终，天下就能永远太平。"

太宗说："我看历史上拨乱创业的君主都超过了四十岁，只有光武帝三十三岁。我十八岁起兵，二十四岁平定天下，二十九岁当皇帝，在武功上超过了古人。我从小从军，没有时间读书，贞观以来，手不释卷，明白了教化的根本，发现了治国的方法。行之数年，天下大治，风移俗变，子孝臣忠，文治又超过了古代。周秦以来，戎狄内侵，今外族稽首，皆为屈属，这是怀远胜过了古人。这三项，我有何德当之，既有此功业，怎么不善始慎终呢？"

除了总结秦隋的失误、晋朝的得失、汉朝成功经验外，唐太宗对其他朝代的历史经验也有所总结和研究。

贞观九年，唐太宗对魏徵说："读完周齐史，末代亡国之君，作恶基本相同，齐国君主好奢侈，府库所在，全部用完，横征暴敛。我认为这是馋嘴的人自己吃自己身上的肉，肉吃完了，人也就死了。君主赋敛无度，百姓处于水深火热之中，国君就要灭亡了，齐国的国君就是这样的。"

唐太宗以史为镜，专门写了一篇叫《金镜》的文章，吸取历史的教训，提出治国的方略：

"多营池观，远求异宝，民不得耕耘，女不得纺织，田荒业废，兆庶雕残，见其饥寒不为之哀，睹其劳苦不为之感，苦民之君也，非治民之主也。薄赋轻徭，百姓家给，上无暴敛之征，下有讴歌之咏，屈一身之欲，乐四海之民，忧国之主也，乐民之君也。"

唐太宗治国，能站在历史的高度来看待自己的权力。唐太宗以史为鉴，善于吸取历史的教训，并对各朝代的历史经验进行总结和研究，所以能避开各国的亡国之道，开创贞观之治的盛世局面。

第五章

大唐帝国

第一节　天可汗

经过唐太宗的安民、抚民措施，唐朝的国力日益强盛。在具有强大的军事力量和雄厚的经济实力的基础上，唐太宗采取了一系列团结边疆各少数民族的政策，用较少的武力，取得中华帝国空前的大统一。

从古至今，华夏民族就是不同民族的共同体。

秦王朝长期居住西方，与戎狄杂居，身上流着不同民族的血；大唐王朝，有案可查，铁证如山，他的血管中不断流进鲜卑等民族的血液。中华民族是不同民族的统一体，兄弟之间难免打斗，难免要争吃争穿，争江山夺社稷。正因为"争"，发展更快。物竞争天择，中华民族几千年繁衍不绝！

"争"是一种必然；"和"也是一种必然。唐太宗被各族人民尊为"天可汗"，其实就是中华民族早已融为一体的形象说明。

秦始皇统一天下，建立了统一的多民族的国家。汉武帝以其雄才大略开疆拓土，定鼎中国版图。然而，正如唐太宗在贞观二十二年所说"汉武帝穷兵黩武三十余年，使国家疲惫不堪，收获却很小。现在我以德安抚边疆各民族，使边远穷乏之地的人都成了我的臣民。"

唐太宗建立的唐帝国，和汉武帝时的汉帝国，有明显的区别：汉帝国经历文景之治四十多年，国家已经有了雄厚的物质基础，然而汉武帝的统一战争，却给人民带来了巨大的灾难。

如果武帝处在文帝时代，按武帝的所作所为，不是建立旷世之功，而是招致亡国之祸。汉武帝的功业是在特定的社会条件下取得的，且到了晚年，他也意识到滥用兵力给国家带来的灾难和不幸。

唐太宗则不同，他既要实行文景之治，达到天下太平，人民安居乐业，又要实现汉武帝统一全国，君临天下的宏图大业。如果他像汉文帝、汉景帝那样只求安宁，发展经济的话，那么，由于边疆各族的侵扰，发展经济的愿望不能实现，要想安宁也只能是空想。因为唐太宗接到的是一个烂摊子，天下大乱，诸侯分裂，外族入侵，要统一天下，消灭割据，击败外来的侵略，必须要有汉武帝那样的雄才大略，但他没有文、景时期的经济基础，这一切都不是像汉武帝时期，都必须靠自己创造。这两项伟大的事业就落在了唐太宗李世民身上。

贞观十四年（公元640年），唐帝国的版图东西九千多里，南北一万多里，东到大海，西到焉耆，北抵大漠，南尽林邑。这是一个幅员广大、人口众多的统一的多民族的国家，唐太宗是这个多民族的国家的奠基者，境内各民族对唐太宗非常尊敬，尊他为天可汗、天至尊。

为了实现各民族的和睦相处，唐太宗采取了多种少数民族策略。

和亲是唐朝的少数民族策略之一。

婚姻是联系家族与家族，部族与部族的纽带。作为国家，婚姻是一种政治行为，通过联姻来扩大自己集团的政治势力。

和亲是封建社会的皇帝对边疆各族首领的一种常用的和平政策，但是，不同时期的和亲政策意义不同。汉初匈奴强大，汉帝国为了赢得稳定内部、发展经济的时间，被迫采用和亲政策，缓解匈奴的南侵。

汉武帝打败匈奴以后，到汉元帝，匈奴开始南侵，才有王昭君下嫁匈奴的故事。

汉代和亲大多是被迫的。而唐代的和亲，则是在唐帝国君临天下，综合国力非常强大的情况下进行的，表现了唐太宗实行的是开明的民族团结政策。

贞观十六年（公元642年），唐太宗对和亲有一段论述："北狄世代入侵中原，破坏生产，现今薛延陀强悍，一定要早做决断，我已经想了好久，只有两种办法：一是挑选精兵十万把这些人全部歼灭，荡除凶源，百年不会再有祸患；二是如果他们提出要求，可以和亲。我是天下苍生的父母，如果此举对天下有利，何惜一女？"

他的这一主张得到大臣们的普遍赞同。

唐太宗认为：北方民族有妻子当家的风俗，我大唐公主到了北方，生了儿子，就是大唐的外孙，不会侵略大唐。汉代和亲是在向北方君主勒索；唐太宗时的和亲则是：对唐而言，是对少数民族首领的一种恩赐，少数民族首领以娶唐公主为荣，为了娶得唐公主，他们用很重的聘金。

贞观十六年，薛延陀遣使用马5万匹，驼1万峰，羊10万只向唐太宗请婚。

唐太宗频频下嫁公主与宗女：

贞观十年（公元636年），突厥处罗可汗的儿子阿史那社尔率部来降，太宗以皇妹南阳长公主与之为妻，并委以要职；

贞观十三年（公元639年），吐谷浑可汗诺曷钵请婚，太宗以弘化公主下嫁；

唐太宗还应允了西突厥统叶护可汗和乙毗射匮可汗及薛延陀真珠毗伽可汗等的请婚要求。

唐太宗对内附的少数民族将领也用联姻方式加以抚慰，他们中间有：

突厥族的执失思力尚（娶公主为尚）九江公主；

铁勒族的契苾何力娶临洮县主；

突厥族的阿史那忠娶定襄县主……

值得一提的是松赞干布和文成公主的和亲。松赞干布平定了叛乱，统一了吐蕃国，对藏民族的发展做出了巨大贡献。他崇尚唐朝的风俗和文化，于贞观八年遣使入唐，贞观十年上表请婚，贞观十四年太宗允婚，许宗女文成公主给松赞干布为妻。

贞观十五年，太宗封吐蕃特使禄东赞为右卫大将军，并配婚琅邪公主外孙女段氏，另派江夏王李道宗送文成公主入藏，带大量的唐朝书籍、工艺品、衣物、食物、医药、种子等到吐蕃。松赞干布亲自到柏海迎接公主，并给公主修筑城郭宫室，自己改穿汉装。

文成公主入藏，促进西藏农业、手工业的发展，公主除带了很多内地的种子和工匠外，还输入了内地的冶金、农具制造、纺织、建筑、制陶、碾米、酿酒、造纸、制墨等技术。

藏民们在汉族工匠的帮助下学会了内地技术。

相传山南地区的牛耕是文成公主教的，日喀则的铜匠奉文成公主为祖师。

文成公主的侍女也成了纺丝织布的能手。文成公主教会了藏民们修房子、织绸缎、用碗等。

文成公主还把内地的音乐带到了西藏。

文成公主还帮助松赞干布创造了历法和文字。

文成公主在西藏生活了40年，促进了藏汉人民的经济文化交流，对吐蕃社会产生了巨大的影响。"自从贵主和亲后，一半胡风似汉家"（唐陈陶《陇西行》语）。

贞观十九年（公元645年），松赞干布派大相禄东赞朝贺，上表称婿，献金鹅一只，高七尺。贞观二十三年，唐太宗病逝，松赞干布派使者吊唁，献金银珠宝15种。高宗封他为驸马都尉，西海郡王，后又改封賨王，赐各色绢帛3000段。松赞干布死后，高宗派使者到拉萨吊祭。

羁縻政策是唐朝又一成功的少数民族政策。

拴马的绳子叫羁，拴牛的绳子叫縻，羁縻合用是牵制、笼络的意思。唐太宗的羁縻政策的措施主要是善待少数民族首领，在少数民族地区设州和府。

贞观四年（公元630年），唐太宗平定突厥后，突厥表示内附，内迁10万户突厥人入中原，其中1万户定居在长安，挑选了部分人担任武职，任五品以上的将军，中郎将有100多人，约占朝廷武官的一半。

阿史那思摩被赐姓李，叫李思摩，发誓效忠唐王朝。契苾何力是铁勒族人，回乡省亲，被扣留，他割掉自己的耳朵，表示对唐的忠心不二。薛延陀真珠可汗认为自己的双手沾满了中国人的鲜血，杀中国人成百上千，一定要遭到报复，但唐太宗反把他当自己的儿子看待，他感恩不尽。唐太宗给内附的突厥人分配肥沃的土地，使他们年年丰收，六畜兴旺，穿上了丝绸，抛弃了毡裘，吃上了粮食，抛弃了打猎。

唐太宗统一边疆后，突厥除了部分内迁中原外，其余住在原地，唐太宗在这些地方设羁縻州县。在突厥边区设顺、佑、化、长四个都督府，在颉利所辖区设六个州，以定襄、云中两都督府统辖六州，任命本族首领为都督或刺史；封阿尼那苏泥为怀德那王、北宁州都督；封突利可汗为北平郡王、右武侯大将军、顺州都督；封阿史那思摩为北开州都督；封颉利可汗为右卫大将军，次为虢州刺史，后又封为正三品右卫大将军。

由于善待失败和旧附的少数民族首领，各地首领纷纷来附，突利的弟弟欲谷来，本想逃走，但听说唐太宗以礼待人，就归降了太宗。

在北方取得经验，羁縻政策推广到其他少数民族部落。

贞观年间，西方、北方、南方数以百计的种族，唐太宗设置州府，并赐予名爵和金银珠宝、绫罗绸缎，封当地首领为羁縻州长官。如在铁勒部设府七州，都督刺史均由当地首领担任。在单于台设燕然都护府，管辖回纥、多览葛、仆骨、拔野古、同罗、思结六府和浑斛恭阿跃、契丹、奚结、思结别部等七州，西北地区纳入大唐的版图之内。

贞观二十二年（公元648年），太宗又因契丹酋长窟哥、奚部酋长可度内附，在契丹部设松漠府，任命窟哥为都督；又在达稽等地设九个州，任命当地首领为刺史；在奚部设饶乐府，任命可度为都督；在别帅阿会等地设五个州，以当地首领为刺史。东北地区在唐的管辖之内。

唐太宗在统一东北、西北，建立疆域辽阔、统一的多民族国家的基础上设立少数民族羁縻州，他的长官由中央任命，并取消了可汗称号，实际上是秦汉以来的郡县制推广到少数民族地区。羁縻州县是经中央批准的，可以世袭，而上一行政机构都护是不能世袭的，是由中央直接任命的。这种制度既照顾到少数民族的特点，又维护了国家的统一和中央的权威。

唐太宗是华夏各族的共主，边疆各族发生争执，都要请唐太宗决断，凡是太宗裁判的大家都心悦诚服。各族首领到长安朝见，络绎不绝，特别是年头岁尾，来朝之人常常是成百上千。

贞观四年（公元630年），各族首领尊唐太宗为天可汗，太宗随即下诏：今后对西北君长的数诏，均称天可汗。

贞观二十一年（公元647年），同意开辟一条回纥以南、突厥以北的参天可汗道。

回纥等族看到唐太宗羁縻州政策的成功，羡慕不已，纷纷要求内附，称："生荒陋地，归身圣化，天主尊赐官爵，与为百姓，依唐若父母然。"

参天可汗道是联系长安与西北边境的驿道，共68驿，以每驿60里算，足有4000多里，驿中备有马苑与食物，供使节住宿。这是一条政治通道，通过它，中央可以对边疆实行有效的管理；这又是一条经贸通道和信息通道，内地的丝织品、茶、铁、金银、钱币、农作物种子、文具、生产工具等不断运往边疆；边疆的马、骆驼、貂皮、棉布、玉石、农作物种子也不断地传到内地。

魏徵是德化政策的创议者。

唐太宗即位时，有人劝告他耀兵振武，慑服四夷。魏徵劝告他偃武兴文，布德施惠，中国既安，四夷自服。唐太宗接受魏徵的建议，天下安宁，绝域君长，皆来朝贡，九夷重译，相望于道。

选拔边疆大吏都护都督至关重要。

贞观元年（公元627年），太宗命李大亮为凉州都督，突厥余部和其他部族多来归附。

贞观四年（公元630年），朝州刺史张俭妥善安排思结族饥民。

贞观十六年（公元642年），任命郭孝恪为安西都护府都护，边疆各族皆得其欢心。

贞观二十一年（公元647年），唐太宗任命扬州都府司马李素立为燕然都护府都护。李素立施恩讲信，得到各民族的尊敬，各民族牵着牛马前来酬谢，李素立只饮了一杯酒，其余礼物全部退回。

唐太宗任命李勣为并州都督，李勣"令行禁止，号为称职"，"塞坦安静"，"民夷怀服"。任职16年之久。李寿任交州都督，治理不善，被唐太宗撤职。

贞观初年，岭南少数民族冯盎、谈殿反叛，有人主张发兵镇压，太宗则派使宣谕，冯盎受到感动，不战而停息了兵戈。益州獠族骚动，都督窦轨建议镇压，太宗则抚以恩信，骚乱自平。

少数民族将领得到唐太宗的重用，他们出生入死，报答唐太宗的知遇之恩，阿史那社尔、契苾何力、执失思力等都可和汉将齐名。太宗死后，少数民族在朝中做官的及来朝贡的几百人皆痛哭不止，有的剪发，有的劓面，有的割耳，流血满地，他们用各民族的风俗习惯对中华民族共立的"天可汗"唐太宗表示了最隆重的悼念。

贞观二十一年五月，太宗在翠微殿大会群臣，问道："自古以来有作为的帝王，虽然平定了中原，但不能使戎狄来服。我的才能不及古人，而功业却超过了他们，我不能说明其中的缘故，大家直率地把实话讲出来。"

大臣们都说："陛下功德如天地，万物不得而名言。"

太宗说："不对。我之所以能取得成功，归纳起来有几条：自古以来，帝王都嫉妒比自己能力强的人，我见到别人有才能，就觉得像是自己的才能，人们的才能，不能样样具备，我是弃其所短，用其所长。帝王往往对贤者就倍加重用，不肖者就弃之不管。我则是见贤者敬之，不肖者怜之，使各得其所。帝王对正直的人很痛恨，明里暗里杀害他们。我即位以来，正直之士布满朝堂，没有一个人被废黜。自古以来贵中华，贱夷狄，我则爱之如一，所以各民族都敬我如父母。这几条是我取得成功的原因。"

平等对待各兄弟民族，是唐太宗推行的又一重要的民族政策。唐太宗不仅用人不分贵贱，而且还不分民族。在中国等级森严的封建社会，民族之间也存在着严重的种族歧视。而唐太宗能平等对待少数民族，展现了一代明君治理天下的胸怀。

突厥阿史那社尔贞观二十一年出龟兹，太宗任命他为行军统帅，位在汉将之上；阿史那忠，升为正三品的右骁卫大将军；执失思力拜为驸马都尉，封安国公。

西突厥人史大奈，参加晋阳起兵，多立战功，贞观初，任右武卫大将军，封窦国公。靺鞨族李谨行拜右卫大将军。突厥将军李思摩，贞观十九年随驾出征，被流矢所中，由于没及时治疗，瘀血滞积，太宗亲为之吮血。

唐太宗尤其重视对少数民族将领的尊重和爱护，契苾何力就是深受唐太宗重视的少数民族将领之一。

契苾何力姓契苾，名何力，是一位铁勒族首领。他于贞观六年同母亲姑臧夫人率领本部民众迁到沙州（今甘肃敦煌一带），归顺唐朝。

契苾何力在少数民族中也算是一位佼佼者。唐太宗深知如果能把这样一位骁勇善战，且具有远见卓识之士安抚好，定能起到一系列的连锁效应。于是太宗下令将契苾何力安置在甘、凉二州（今甘肃张掖、武威地区），并授予他"左领军将军"之职。

由于当时天下初定，西北的青海、西域东南部的若羌、且末一带的吐谷浑仍是经常作乱，严重地威胁着唐朝在当地的统治。所以在契苾何力归顺后，太宗命他与李大亮、薛万钧两位大将共同领兵去征讨吐谷浑。

在战斗中，薛万钧兄弟受伤坠马，而契苾何力舍生忘死率军冲进敌营，救出薛氏兄弟，并乘胜平灭了吐谷浑叛军。当太宗得知了这一消息后，十分高兴，并派出使者到前线慰劳将士。薛万钧因嫉妒契苾何力的战功比他显著，再加上自己贪图封赏，因此竟然向使者编造谎言，诋毁契苾何力。使者不知内情，回去后如实向太宗禀告了此事，但是太宗怎能相信这等挑拨离间之事。

当契苾何力班师回朝后，太宗向他询问此事，契苾何力据实回答。太宗非常生气，他要治薛万钧欺君之罪，并准备让契苾何力担任薛万钧的官职。而契苾何力则劝谏说："陛下，如果仅就此事而免去薛万钧的将军之职，实在是欠妥。"

太宗问："此话怎讲？"

契苾何力回答："因为其他各族不知道事情真相，所以会认为陛下重视胡人，轻视汉人，这样他们就会产生轻视汉人的心理，这不利于国家的安定，影响民族之间的团结。请陛下要三思而后行啊。"

唐太宗觉得契苾何力的话言之有理，便听从了他的建议，将薛万钧调到玄武门任宿卫长，执掌屯营事务，以示惩罚，而契苾何力仍任原职。为了表示对契苾何力的器重，太宗还把自己的临兆公主许配他。从此，契苾何力对唐朝更是忠心耿耿。

契苾何力久在京师，与母亲长期分离，唐太宗看到契苾何力想尽孝子之心，于是在贞观十四年（公元640年）让契苾何力去凉州探望母亲。但谁知这时凉州境内铁勒族薛延陀部强盛，契苾何力的母亲和弟弟被一部分叛党胁迫归附了薛延陀，叛党也想乘机威逼契苾何力归顺薛延陀。

面对叛党的威胁，契苾何力面不改色，义正词严道："唐皇给了你们如此厚恩，你们却做出这等叛逆之事，我契苾何力堂堂男子汉怎么会屈服于你们这些猪狗不如的东西！"

叛党们将契苾何力押到薛延陀部，薛延陀酋帅吓唬他说："你现在只有两条路可选：要么随我起兵反唐，要么去死吧！"

契苾何力面无惧色，他抽出佩刀，将自己的左耳割下，抓在手中，面向东方疾呼："岂有大唐烈士向贼寇屈服之理？愿天地日月知我对大唐的忠心！"

薛延陀酋帅看其誓言要效忠唐皇，无奈之下只好将契苾何力押下去关了起来。

这时在唐朝已经有契苾何力投降的谣言散布开了，用人不疑、疑人不用的唐太宗却说道："何力是讲义气之士，他决不会叛我！今后再有胆敢扬言其叛者，定加重责！"没过多久，契苾何力威武不屈的事传到了朝中，太宗听后激动得流下眼泪，他说："朕说得没错，何力不会叛我大唐，不会叛我大唐啊，何力没有辜负朕的一片信任之情啊！"最后，太宗为了将契苾何力换回，竟把心爱的新兴公主嫁给薛延陀酋帅。

当契苾何力病逝的时候，唐朝为了歌颂这样的忠诚之士，追封他为辅国大将军、苏州都督，并把他安葬在太宗的昭陵旁边，得到了封建社会为人臣子最崇高的荣誉。

唐太宗加强了唐朝中央和少数民族的交往，在历史上留下了君臣同心协力、互信不疑的美谈。其实，也正是唐太宗这种知人善任的思想，唐朝才聚集了这样一大批优秀人才，创造了太宗时期的"贞观盛世"。

第二节　征服突厥

突厥是我国北方一个古老的民族。早在南北朝时期，突厥族就已逐渐发展壮大，曾建立了人数多达"数十万"的军队。隋末唐初时不断侵扰中原边境，百姓深受其苦。

唐太宗李世民作为中国历史上著名的皇帝，不仅以善于知人善任，勇于纳谏而名垂后世，他还善于谋大局，事事从大局着眼，不因小失大。有时甚至为了得到更大的胜利而不惜向胡狄之国称臣纳贡。其忍耐之功甚是值得世人学习和借鉴。

在唐高祖武德年间和太宗贞观初年，唐朝对北方的突厥族采取卑屈迎合的政策，向突厥可汗称臣纳贡，以便换取突厥对唐军的支持。正是这一招缓兵之计的巧妙运用才换得了前线战争的胜利，从而为唐王朝统一全国起到了重要的作用。

隋朝初年，突厥族内部出现斗争，导致统治集团分裂为东西两部，其中东突厥不久便被隋朝军队打败，向隋文帝称臣，并且每年交纳贡赋；西突厥也因为内部的动乱而一度衰落。可是到了隋朝末年，天下大乱之际，东、西两大突厥部落重新崛起，势力又一次得到迅速发展，一跃成为雄踞漠北、力控西域的强大集团。它的雄起对中原地区造成了一种严重的威胁。

唐代历史学家杜佑在他的《通典》中就有对于突厥的衰而复兴的记载："（突厥）又更强盛……薛举、窦建德、王世充、刘武周、梁师都、李轨、高开道之徒，虽僭尊号，俱北面称臣，受其可汗之号。东尽契丹，西尽吐谷浑、高昌诸国，皆臣之。控弦百万，戎狄之盛，近代未有也。大唐起义太原，刘文静聘其国，引以为援。"

这段文字中不仅描述了当时突厥族的强盛，而且还提到了李渊在晋阳起兵之前，曾派刘文静携带厚礼重金前往突厥表示友好，实际上是表示臣服，以换取突厥对李氏集团的支持和援助。正如史书所载，李渊父子在起兵之前，突厥军队突然袭击晋阳，突厥人在晋阳城里烧杀抢掠，弄得鸡犬不宁。李渊父子通过这次事件已经意识到突厥这支可怕的力量，如果不与它搞好关系，那以后肯定遭灭顶之灾。

为了消除后顾之忧，李渊父子与大臣刘文静商议后决定，由李渊亲自给突厥始毕可汗写了一封卑辞修好的书信，并且带上厚礼，派刘文静前往突厥进行谈判。

刘文静到达突厥后朝见始毕可汗，始毕可汗趾高气扬地问道："今唐公起事，意欲何为啊？"

刘文静回答说："皇帝废冢嫡，传位后主，致斯祸乱。唐公国之懿戚，不忍坐观成败，故起义军，欲黜不当立者。愿与可汗兵马同入京师，人众土地入唐公，财帛金宝入突厥。"

刘文静这次抓住突厥可汗贪财图利的弱点，向其许诺攻入京师后所有财帛金宝归其所有。因此，始毕可汗听了刘文静的回答后立即同意了这种分配方式，他派出大将康鞘利率领两千骑兵，跟随刘文静前往太原，并献出千匹战马以示友好。

无疑刘文静这次出使突厥是成功的，虽然表面上李世民父子向突厥表示了臣服，但实际上他们已经达到了预期的目的，消除了争夺天下时来自突厥的威胁。因此，当刘文静不辱使命地回到太原时，李世民父子高兴地说："如果不是先生善于辞令、机敏过人，我军怎么会有这么大的收获呢？"

如果从人数上来说，始毕可汗派出的这两千人就打仗而言其实是微不足道的。可是从实际效果来看，李渊父子正是借助其声威，以作声援，打通了突厥这一关，解决了自己的后顾之忧，这种隐忍对刚刚起步的李氏集团来说，是非常值得的。

突厥人看到李渊等人对他们的话总是言听计从，因此也就逐渐地得寸进尺起来。始毕可汗常常找出颇多借口，要李渊进贡财物，"及高祖即位，前后赏赐不可胜记。始毕自恃其功，益骄踞，每遣使者至长安，颇多横恣。高祖以中原未定，每优容之"。这里所谓的"优容"，实际上是说由于实力不如突厥，而不得不满足对方的贪欲，对突厥的各种无理要求不敢有违抗。可见形势十分被动。

唐高祖武德二年（公元619年）二月，突厥始毕可汗去世，为了表示哀悼，李渊作为当时的一朝之君，他决定"为之举哀，废朝三日，诏百官就馆吊其使者，又遣内史舍人郑德挺往吊处罗（可汗），赐物三万段"。这种隆重的礼节只有在国君死时才诏百官吊丧，而李渊和李世民父子为了稳住突厥，同时也是为了和新的突厥统治者处理好关系，这种隐忍的策略在当时也是别无选择的。

尽管唐与突厥一直保持着这种臣属的关系，但是突厥军队仍然到处进行抢掠，而唐军则是不敢加以约束。

武德三年（公元620年），突厥处罗可汗率军助李世民攻打刘武周，结果在并州城内大肆抢夺美女，并州总管李仲文竟是毫无办法。同年秋，处罗可汗死，唐高祖李渊仍是以臣礼致吊，仍诏百官到其使者处吊丧，可见唐的势力仍是处于突厥的下方。

武德七年（公元624年），突厥侵犯唐所管辖的原州、陇州、并州等地，边关连连告急。有人向高祖李渊建议道："突厥之所以常常侵犯关中，就是因为长安有众多的子女玉帛，如果我们把这些子女玉帛迁到别处，定都他处，突厥自然就不会再来了。"李渊觉得此话有理，他派宇文士及至樊城、邓县一带寻找建都之地。

秦王李世民听到这种言论后，当即提出反对，他对父皇李渊说道："戎狄为患，自古有之，陛下圣武龙兴，光宅中夏，精兵百万，所征无敌，怎么能因胡寇扰边，就迁都逃避，真是被四海羞辱，留百世笑话啊。霍去病只是汉朝一将，犹志灭匈奴，何况臣忝备藩维，愿借几年的时间，系颉利之颈，致之阙下，若其不效，迁都未晚。"

李渊觉得世民的话也颇有些道理，正在他犹豫未决之际，长子李建成说道："昔日樊哙要用十万军队横行匈奴，这不是跟秦王所说的很相似吗？"的确，刘邦死后，匈奴致信吕后，戏言不恭，吕后大怒，准备征讨。樊哙投其所好，声言要用十万大兵扫平漠北。季布劝谏，历数樊哙虚言不实。吕后只能不了了之，确保了汉初政权的稳定。

李世民对于长兄的这种调侃很是气愤，他说道："三十年河东，三十年河西。随着时间的改变，形势早已发生了实质性的转变。那樊哙何足道哉？而本王则是言出必行，我保证不出十年，必定漠北。此话绝非戏言。"

后来，李世民真的做到了，就从不久后的一场战争开始，唐对突厥的态度逐渐强硬起来。

不久，颉利、突利二可汗举国入侵，大军连营南下，秦王李世民率兵拒敌。由于关中正值雨季，粮食受阻，军中士气不高，人心疲惫。唐军和突厥军在豳州相遇，可汗率万余骑至城西，在五陇阪列成阵势。唐军将士都被这一阵势给镇住了。

而此时的李世民对其弟李元吉说："突厥骑兵不可一世，而我们更不能向其示弱，此时必须应战，你愿意和我一起去吗？"

李元吉害怕，他推辞着说道："敌人强大，轻易出战，必定会重创我大军，我们应该避免与其发生正面冲突。"

李世民笑道："你不敢去，那你就留在这里观战，助我一臂之力就行了。我一个人去！"

秦王率兵直抵敌阵，他大声呼喊道："我国与可汗和亲，为什么还要负约侵入我国土？害我良民？我秦王李世民要与你们讨个公道。可汗你如有本事，就出来跟我单独比试比试。"

颉利可汗摸不清这李世民的底细，只得笑而不应。而李世民不在乎这些，他又向前，最后派人对突利说道："你突厥与唐有约在先，两国之间和平共处，现在却要带兵来攻我唐，难道你忘记了香火前的盟誓了吗？"

突利仍是不应。

李世民继续往前，准备要跨过横沟。颉利见世民轻出，又听到香火之言，他怀疑突利是不是与秦王暗中有所来往，于是他止住了李世民，他说："大王不需过来，我颉利别无他意，只想和大王巩固我们的盟约吧，我这就引兵稍退。"

此时的雨下得更大了。世民对众将们说道："突厥依仗弓箭，如此大雨，他们筋胶俱解，弓不可用，而我们住在房子里，槊坚犀利，以逸制劳，此时不战，等待何时！"同时，他还派人向突利陈说利害，突利因担心失去汗位，内心不满，因此愿暗中帮助李世民。

李世民潜师夜行，冒雨而进，趁着夜色跨过了横沟，突厥大惊不已。

颉利刚要出兵应战，突利这时说道："大王现在万万不能出战，李世民等神出鬼没，肯定设下了陷阱，否则他怎么会轻易出师呢？大王现在出战，必定遭其伏击，全军遭殃啊！"

颉利听信了突利的话，于是亲自前去请求和亲。秦王李世民答应了颉利的要求，突利请求与李世民结为兄弟，李世民与之结拜，最后两军盟誓而去。

李世民以先声夺人之势，运用离间之计巧妙地退去了突厥大军。然而突厥威胁始终存在。第二年，颉利再次率领大军十余万，劫掠朔州，进犯太原等地，唐军将领张谨率领士兵英勇抵抗，然而毕竟兵力相差悬殊，最终全军覆没。

武德九年（公元626年）八月，刚刚即位两个多月的唐太宗李世民又接到了突厥的挑衅。突厥见太宗刚刚继帝位，觉得有机可乘，于是先后侵入高陵、泾州等地。泾州行军总管尉迟敬德率领唐朝守军奋勇杀敌，虽然斩首千人有余，但是突厥的主力部队仍未受到巨大损失。

颉利可汗亲率20万大军到渭水便桥之北，派使心腹执失思力入见进行讹诈："颉利、突利二可汗率兵百万马上就要到了，太宗还是出城主动投降吧，否则突厥铁蹄将把大唐踏为平地。"

太宗面对突厥人的背信弃义，气愤地说道："我与可汗当面议定和亲，先后赠送金帛无数。然而你们却屡负盟约，引兵入侵我境。我让一寸，你进一尺，蹬鼻子上脸。人心都是肉长的，我问心无愧，而你们这些戎狄却忘恩负义，自夸强盛。忍无可忍，无须再忍。来人！把他给我推出去斩了！"

执失思力看到太宗真的急了，于是连叫饶命。这时萧瑀、封德彝等人建议说："按照常规，两国交战不杀来使，他只不过一个送信的，还是应该遣送回去为是。"

太宗说道："你们看看，他像使节吗？他明明是来蛊惑我军心的。再说，如果我放他回去，敌首必定以为我怕他，对我国的侵凌则更是肆无忌惮，先把他给我囚禁起来，等我灭了可汗，再一同收拾他。"于是执失思力被囚禁了起来。

太宗随即带领高士廉、房玄龄等六骑，直奔渭水河边，与颉利隔水对话，太宗当面斥责可汗背信弃义。突厥兵大惊，怎么秦王的胆子这么大，纷纷为之过人的胆量所折服，于是皆下马拜服。不一会儿，大批的唐军也陆续赶到了这里，唐军旌旗蔽野，士兵威风凛凛，气吞山河。

颉利看执失思力还不回来，而太宗一方则是军容甚盛，不禁面带几分惧色。太宗命诸军后退列成军阵，自己独自一人留下和颉利说话，萧瑀以为太宗轻敌，于是拉住了太宗的马头上前劝谏。

太宗摇头说道："我已深思熟虑，突厥之所以敢倾国而来，直抵京郊，就是因为他们认为我刚即位，国内空虚，抵御不了他们的进攻。我若示弱，闭门拒守，他就会越发猖狂，放兵抢劫。所以，我轻骑独出，对他们表示轻视，他们则不敢轻举妄动。再说敌军深入我内地，必然有惧怕的心理，我出其不意，不仅使他们的企图落空，而且还可以增长我军的士气。制服突厥，在此一举！"太宗的眼神很坚定，而这种坚定正是源于太宗对于战争局势的准确把握。

在唐太宗的神威面前，颉利可汗是丈二和尚摸不着头脑，他已经被大唐如此强大的实力所震慑住，已经被唐太宗过人的胆量所击倒。在不明敌我双方的实力下，贸然开战是不可取的。就算是实力相当，两军开战也犹如二虎相争两败俱伤，他仔细地想了想，开战？实在犯不着。最后，他还是选择了求和。太宗果然达到了预期的目的，兵不血刃，退去了这场浩劫。

第三天，太宗到西城，斩白马，和颉利歃血设盟于渭水便桥，突厥大军渐渐远去。

萧瑀对太宗如此神速退去突厥兵既佩服又不解。他问道："突厥未答讲和之时，诸将请求出战，结果陛下不准，然而，突厥却自己主动请和，退兵归去，这到底是怎么回事呢？"

太宗笑着说道："突厥虽众，但军容不整，他们无非是想诈取些钱财。请和之时，可汗独在水西，酋帅却在我这边，我只需将他们灌醉，出兵袭击，必定大破突厥。再说，长孙无忌、李靖伏兵幽州，敌人若逃，则是伏兵于前，追兵于后，两军夹击，取胜易如反掌。这就是突厥不战而退的原因。而我之所以不主动开战，是因为朕刚即位，国家尚没有安定，百姓生活艰难，府库空虚。一旦两军开战又不知该打到何年何月，所以，理应让百姓安宁度日。我们对突厥以示友好，并不是因为惧怕，而因为突厥开战之后，损失太大，结怨既深，因惧而修备，那么我就无法彻底消灭他们了。所以咱们要卷甲倒戈，赐以金帛，彼既得所欲，使其理当自退，待他意志骄惰，不复设备，养成伺寡之时，再一举歼灭。正所谓'欲将取之，必先与之'啊。"

这一篇通天理论，说得萧瑀等人瞠目结舌。他们谁也想不到这其中原来有这么深奥的秘密。

同年九月，突厥颉利可汗献马三千匹，羊万口，结果全被太宗退回，太宗只要求归还所俘虏的中原户口，并送温彦博回朝。

这个时候的东突厥内部矛盾重重。颉利可汗和突利可汗两位突厥首领互相猜忌，颉利可汗随意增加税收，引起贵族内部的不满。正巧又赶上天灾，牲畜大量死亡，百姓挨饿受冻，反对颉利可汗的人越来越多。原来隶属于东突厥的范君璋也投降了唐朝。而他占据的山西北部，正是进攻东突厥必经的要道。

太宗清楚地意识到就目前的情况而言，自己已经完全占有了优势。天下一统、政治清明、国家经济繁荣、军队训练有素，这是战胜突厥威胁的内部条件；突厥内部分裂，逐渐衰落，外部条件也已成熟。现在只是缺少一个有利的时机而已。

贞观三年（公元629年），这个反攻的时机终于到来了。这一年，很多部落纷纷内附。八月颉利可汗也上表称臣。

代州都督张公谨上书报告了突厥的情况：

（一）颉利纵欲逞暴，诛杀忠良，包庇奸佞；

（二）薛延陀等部皆叛；

（三）突利、拓设、欲谷社皆得罪；

（四）塞北霜旱，粮食绝收；

（五）颉利疏其族类，亲委诸胡，胡人反复，大军一到，必生内变；华人入北其众甚多，居住他们险要之地，我军出塞，自然响应。

太宗终于抓住了一个名正言顺的出兵理由，即：颉利可汗既请和亲，又援助梁师都。他命令兵部尚书李靖为行军总管，张公谨为行军副总管征讨突厥。结果还未开战，突厥一方便有九人率三千骑来降，太宗甚是大喜。

十月，突厥进军西河，结果均被肃、甘二州刺史所击败，俘虏千余口。这时，太宗又任命并州总管李勣为通汉道行军总管，兵部尚书李靖为定襄道行军总管，灵州大都督薛万彻为畅武道行军总管，华州刺史柴绍为金河道行军总管，共十余万大军，均受李勣节制，分兵出击匈奴。不久，便传来了任城王李道宗破突厥于灵州的捷报。

十二月突厥可汗入朝。

太宗很高兴地说："过去太上皇因百姓之故，对突厥称臣，我常痛心疾首，现在单于稽颡，我大唐终于可以扬眉吐气，洗雪国耻了。"

为了彻底消灭突厥的主力部队，贞观四年正月，太宗命李靖带骑兵三千，从马邑到恶阳岭。

突厥颉利可汗万万没有预料唐军犹如天降。大惊呼道："唐如不倾国而来，李靖怎敢孤军到此？"

突厥兵惊恐万分之下，退至碛口。李靖派人行反间之计，又招来了一部分将领受降。

次年二月，李靖在阴山大破颉利军，颉利逃往铁山，可是余众还有数万。李勣出云中，大破突厥于白道。颉利派执失思力入见谢罪，请举国内附，自己入朝。

料事如神的太宗分析到颉利反复无常，投降只是缓兵之计，无非拖延时间，等到草青马肥，就乘机逃入漠北。于是一方面派唐俭为使慰抚，一方面又令李靖帅兵迎颉利，并与李勣在白道会师。

张公谨不解地向李靖问道："既然皇上已准投降，已派使者到突厥营，为什么还要派李将军去迎敌呢？"

李靖甚是了解太宗的心思，他说道："这就是韩信破齐的策略，舍一唐俭而灭突厥，有何不可。"

张公谨这才明白了皇上的意图，感叹道："我主英明啊！"最后他又问李将军将怎样把其一举歼灭？

李靖说道："颉利虽败，但其人数众多，若逃往碛北，和当地部落联合，势力必然有所恢复，再加上路途遥远，到时我们想追都来不及了。现在皇上准许他们投降，他们自然没有防备，我若选精骑一万，带二十天干粮前去袭击，定能一举歼灭。"于是李靖连夜发兵，李勣随后接应，到达阴山，遇突厥千余帐，俘而随军。

此时的颉利刚刚会见完唐朝的来使，他还得意地以为自己的缓兵之计终于实现了。然而万万没有料到，李靖早已命苏定方率二百骑为先锋，乘雾而行，已离自己的平帐只有六七余里了。

李靖大军一到，所向披靡，势不可挡。突厥全军溃败，颉利骑马而逃。后来，唐俭也脱身回到唐营了，而李靖则是斩首万余，俘男女十余万，杀隋义成公主，擒其子叠罗施。颉利率万余人刚想冲出碛口，结果，被等在此处的李勣截住，各路酋长皆率众来降，李勣共虏5万多人。

当捷报传来之时，唐太宗欣喜若狂地赞扬李靖说："以骑三千，喋血虏庭，遂取定襄，古未有辈，足澡吾渭水之耻矣。"不久又传来了颉利可汗被捉获的消息，唐军终于取得了对突厥决定性的胜利。

当颉利被押送京师，漠南之地遂平的消息传回长安之后，唐朝举国上下一片欢腾。

当日傍晚，唐太宗在顺天楼接见李靖、李勣等各路将领。待赏赐完毕之后，太宗让人把颉利可汗带了上来。

颉利可汗跪在地上不敢抬头，唐太宗说道："颉利可汗你可知罪？"颉利默不作声。

"好，那我就帮你列一列你的罪状。"太宗继续说道，"虐待百姓是你的第一条大罪；与唐朝屡次立盟而又负约，言而无信，是你的第二条大罪；恃强好战，屠杀生灵，是你的第三条大罪；多次入侵大唐境内，肆意烧杀抢掠，是你的第四条大罪；朕一再给你机会，好言招降，你拒不接受，这是你的第五条大罪……"这时的颉利早已吓得面无人色，汗如雨下。

唐太宗又说道："不过，自便桥立盟以来，你没有大举入侵，还算知趣，朕今天就赦你不死，但从今以后，你要改邪归正。"颉利可汗万万没有想到太宗会如此宽宏大量，喜出望外之余，急忙磕头谢恩。

唐太宗饮完杯中酒，举头望明月，不无感叹地说道："当年汉高祖被匈奴困在白登，没能报仇雪耻。如今，我大唐能灭掉突厥，活捉颉利，真是大快人心啊！”

在宴会上，唐太宗喜形于色，对近臣说：“朕闻‘主忧臣辱，主辱臣死’。以前国家草创之际，太上皇没有国力抵御强敌，以百姓之故，称臣于突厥，朕未尝不痛心疾首。”

在这前后不到半年的时间内，唐军平定了突厥。唐太宗下旨将西起阴山、北至大漠的广阔地带纳入大唐版图，从此统一了唐王朝北部边境，为当地经济的发展创造了一个良好的环境。

贞观五年（公元631年），唐太宗为了纪念这次平定突厥之功，在两仪殿大宴文武众臣，并赋诗一首云：

绝域降附天下平，

八表无事悦圣情。

云披雾敛天地明，

登封日观禅云亭，

太常兵礼方告成。

“忍”并不代表着屈服，忍的目的是为了储存实力，后发制人。智者的过人之处就在于忍一时而夺一世。唐太宗就是这样的人，因此他也成为最善于用“忍”制胜的一代帝王。如果不是这多年来的隐忍，太宗怎能铲除突厥这一后患，雪洗长期以来臣服于突厥的耻辱。

唐太宗李世民协助父亲唐高祖起兵之初，曾不惜向东突厥称臣纳贡，换得东突厥的有力支持。但是当他站稳脚跟之后，就对东突厥采取了强硬政策，终于使这一强大对手臣服。

第三节　丝绸之路

大唐帝国建立起来以后，为了消除四周少数民族的威胁，唐太宗对不服唐朝统治、不断侵扰唐朝边境的少数民族给予了严重的打击。

大唐建立之初，国力不强，无法与四周的少数民族抗衡。邻国都虎视眈眈，想从唐朝分一杯羹。汉民族作为当时最大的民族，掌握着当时最先进的生产技术，在他们生活过的土地上，创造了大量的财富。四周的国家大都生产技术落后，有的干脆以游牧为主，他们不能充分利用土地进行自给自足，就到处掠夺，来补充自己的不足。

唐统一之后，和西亚甚至欧洲都有贸易往来，由于当时海运不够发达，只能走陆路，丝绸之路就成为对外贸易的重要通道。但丝绸之路正好途经西域各国，他们对丝绸之路有很大的威胁，要想使丝绸之路畅通就必须统一西域，作为一国之君的唐太宗对这种情况非常了解，他审时度势，不正面迎击；暂时与邻国建立友好关系，对他们的威胁采取暂时的忍耐，暗中养精蓄锐，准备一举击破。

吐谷浑是我国境内一个古老的民族。主要以游牧为主，活动于西北（今青海）一带。隋末唐初，吐谷浑主慕容伏允在位，号步萨钵。在他执政期间，积极向外扩张，到处掠夺，隋朝边境隔三岔五就被吐谷浑的军队掠夺一次。隋炀帝于是派兵进击伏允，慕容伏允败走，大量土地被隋朝收复，慕容伏允也无法在吐谷浑立足，就带领自己的亲信投靠了党项。隋末天下大乱，隋炀帝也无暇顾及边关地区，伏允乘机恢复故地。唐高祖建国后，伏允自愿出兵进攻割据河西的李轨，以换回在长安为人质的儿子的条件，高祖认为正好可以借伏允的兵力打败李轨，省得唐朝浪费兵将粮草。伏允如约攻打李轨，高祖遂放回他的儿子大宁王慕容顺。

唐初，为了先解决内乱，李渊派李安远出使吐谷浑，和吐谷浑建立了友好关系，但吐谷浑主伏允要求和唐朝通商，来发展自己的经济。当时唐对吐谷浑采取的是友好政策，以便一心对付东突厥，后来东突厥被打败后，吐谷浑经过数年的积蓄，越来越强大。在唐朝对付东突厥之时，吐谷浑就多次侵入河西走廊，严重威胁唐朝和西域的交通及经济交流。

太宗时期，也很重视与吐谷浑的关系。一是因为通往西域的道路必须经过吐谷浑的境内，要想畅通无阻，要么就和吐谷浑和好，要么就占领吐谷浑。在太宗执政初期，占领吐谷浑是不大可能的事情。另一个想法是在吐谷浑建立一个亲唐的政权，作为屏藩以扼制吐蕃势力的扩张。所以当时有必要找一亲唐的人作为吐谷浑领导者，其中最合适的人选就是大宁王慕容顺。慕容顺从唐朝回国后，听说父亲伏允已经立他的弟弟为太子，他遭受到了巨大的打击。心情郁闷的他也积极寻求帮助，夺回王位，于是他想到了唐朝。

贞观八年（公元634年）五月，伏允假意遣使者到长安通好，却暗中派兵进攻兰（今甘肃兰州）、廓（今青海化隆西南）二州。太宗派使者赵德楷去交涉，又被伏允扣留起来，太宗希望和吐谷浑的和平相处，伏允却始终不觉悟。这一切引起了太宗极大不满，便派使召伏允入朝。伏允装作有病，不能亲自去长安，只派使者前去，还为其儿子向唐朝求婚，想试探太宗的态度。太宗同意和亲，但要求伏允亲自来迎亲，伏允不答应，太宗遂中止了婚约。这时，伏允年事已高，其相天柱王执政，伏允宠信不疑，在天柱王的主持下，吐谷浑与唐朝的关系越来越恶化。

贞观八年六月，唐朝打败东突厥后，认为吐谷浑对唐的威胁比较大，加之唐朝国内缺乏耕牛、良马，都州（今青海乐都）刺史李玄运建议：吐谷浑的良马都在青海一带放牧，如以轻兵掩袭，"可致大利"。于是，决定出动大军铲平吐谷浑。唐太宗马上调集军马，派左骁卫大将军段志玄为西海道行军总管，右骁卫大将军樊兴为赤水道行军总管，指挥边关守军、新附的契丹军、党项军同时分三路进攻吐谷浑。

此时的唐军已今非昔比，他们军容强大，士气高涨，同仇敌忾。契丹、党项历来骁勇善战，有这样的军队从旁相助，可谓如虎添翼，吐谷浑哪能抵挡得住。同年十月，段志玄率三国联军大破吐谷浑，一路赶杀800余里，吐谷浑被杀得胆战心惊，逃到青海湖，吐谷浑顾不得许多，驱马群逃走。

这次虽大获全胜，但没有伤其主力，不甘失败的吐谷浑，再次卷土重来。太宗大怒，下了"不破楼兰终不还"的决心。李靖闻之，自动请缨，太宗很高兴，但想李靖已经老了，不忍再让他驰骋沙场。李靖却以廉颇自比，决意杀败吐谷浑。

太宗任命李靖为西海道行军大总管，节度诸军。兵部尚书侯君集为积石道行军总管，刑部尚书李道宗为鄯善道行军总管，凉州都督李大亮为且末道行军总管，岷州都督李道彦为赤水道行军总管，再联络突厥、契丹夹击吐谷浑。这次比起上一次出兵，更增添了许多精兵猛将，且兵力远超上次。

贞观九年（公元635年）三月，洮州（今甘肃临潭）的羌人叛变，杀死了刺史孔长秀，逃入吐谷浑。太宗急命盐泽道行军总管高额生镇压叛变的羌人，迅速将他们击败。

贞观九年间四月，李道宗以迅雷不及掩耳之势打败吐谷浑，伏允怕唐军继续追赶，几百里的草场，一把火烧得干干净净，自己却逃入碛口躲避去了。

侯君集认为："敌人军队没受到重大损失，人心不散。不能像段志玄一样，军队还没有到鄯州，敌人随后又杀到城下，如今他们正心无斗志，作鸟兽散，君臣父子相失。取之如拾草芥，如不乘机一举消灭，等再聚集起来，必为后患。"

诸将认为：吐谷浑将草场烧得一片狼藉，马没有草吃，追击敌军一定会疲劳瘦弱，那时敌强我弱，后果不堪设想，深入不毛之地是一种错误的战略。

李靖认为侯君集的意见更有道理，于是安排粮草，分兵两路进击。李靖指挥的北路军在曼头山大破敌军，斩其名王，得到大量杂物和牲畜，保证了军队的食物，使军心大振。随后在牛心堆、赤水源，连战连捷。但是每一战打得都十分艰难，伏允被逼走投无路，所以就以死相拼。赤水源一战中，薛万均、薛万彻轻骑追敌，中了吐谷浑的计策，兄弟二人奋力冲杀，但无奈吐谷浑人多势众，随从所剩无几，而且个个带伤，兄弟二人的战马也被刺死，只好步战。薛氏兄弟战到最后已经变成血人，精疲力竭。正在这危急关头，左领军将军带数百骑赶到，契苾何力冲入敌阵，左冲右突，所向披靡，敌军大骇，四散奔逃，薛氏兄弟才得以生还。

李大亮在蜀浑山与敌军相遇，唐军奋勇向前，吐谷浑抵敌不住，纷纷跪地求饶，活捉部落首领20人；执失思力在居茹川也大获全胜。李靖所率各军经积石山河源，向前挺进到且末，一直未遇大规模的抵抗，很轻易就穿过西境。听当地人说伏允在突伦川，已无力再战，准备逃往于阗，契苾何力认为这是好机会，正好一举消灭他们，薛万均说不能追赶，沿途天气恶劣，几百里找不到水源，一旦处置不好会全军覆灭。

契苾何力说："敌人没有城郭，随水草迁徙，如不趁其聚居而袭击，一旦散去，怎能聚而歼之。"

薛万均同意了他的意见，拨给契苾何力千余精骑，薛万均随后接应，直取突伦川。这是一段非常艰苦的路程，缺水使得将士们唇干舌裂，浑身无力，不得已将士们刺马血以解渴。大军成功穿过突伦川，夜袭伏允牙帐，吐谷浑军不知所以，已经人头落地，士兵无心再战，纷纷扔掉武器投降。这一仗斩首数千，缴获杂畜20余万头，财宝无数。伏允见大势已去，率千余骑逃走。沿途部众散失，走投无路，后被部下所杀。

侯君集等率领的南路唐军也越过星宿川（今青海鄂陵湖西），返回到相海（今青海鄂陵湖与扎陵湖），与李靖会合。至此，唐军征伐吐谷浑的战争取得了彻底胜利。

李靖率军击破吐谷浑后，伏允子慕容顺动员国人，认为吐谷浑落到如此地步，都是因为天柱王把持朝政，祸国殃民。慕容顺趁人情愤怒遂杀死天柱王，率残部投降唐朝。太宗授予慕容顺西平郡王，让其继续统治吐谷浑，作为抵挡吐蕃的屏障。

李靖安定好吐谷浑的人民，便亲率大军回国。

太宗考虑到慕容顺毕竟久在内地做过人质，还没有树立威信，难以服众，命李大亮率精兵数千支持慕容顺。由于吐谷浑人对慕容顺也没有什么好感，到处起来反对他，最后被他的部下所杀，众人拥立慕容顺之子诺曷钵为吐谷浑王。诺曷钵年幼，不懂如何治国，出现了大臣争权的混乱局面。太宗得知后命侯君集率军平定吐谷浑内乱，太宗先下旨抚谕劝解，有哪派不听命令者，就出动大军讨伐，侯君集和李大亮合兵一处，终于平息了吐谷浑混乱的局势。

贞观十年（公元636年）三月，诺曷钵遣使到长安，请求颁赐历法，用唐朝年号。为了表示对唐朝忠顺之心，诺曷钵又要求派子弟入侍长安。太宗一一答应，并封诺曷钵为河源郡王、乌地也拔勤豆可汗。诺曷钵亲自入长安朝见太宗，献牛马羊万头，表示对唐朝的感谢。不久，又请求与唐通婚，太宗封宗室女为弘化公主，嫁于诺曷钵，命淮阳郡王李道明与右武卫将军慕容宝为使，护送公主成亲。吐谷浑大相欲作乱，图谋劫持公主与诺曷钵，不承想阴谋泄露，大相欲逃往吐蕃，还未来得及离开吐谷浑就被唐朝出兵镇压。从此，吐谷浑归顺于唐朝，年年遣使朝贡。唐朝对吐谷浑取得的胜利，保证了河西走廊交通的通畅，同时又对吐蕃势力的扩张暂时地起到了遏制作用。由于吐谷浑内部矛盾重重，伏允不知整顿内部，反而屡次向唐朝挑衅，最后失败自然是难免的了。

唐太宗统一吐谷浑，为打通丝绸之路奠定了基础。接下来威胁最大的是高昌，高昌不但阻隔着丝绸之路，而且还和西突厥互相勾结，掠夺唐的边疆地区，扫平高昌就可以一举两得，所以进军高昌就成为唐朝接下来的目标。

高昌主要活动在今新疆吐鲁番地区，他们农业和牧业并重，具有很高的生产力，境内土地肥沃，谷麦一年可以两熟，盛产葡萄和各种水果。他们占领着通向天山南北的出口，古代丝绸之路必经之道。自汉以来，由于和西亚的通商，使丝绸之路繁荣起来，无论是中原王朝，还是西北的游牧民族，都积极争夺并经营这一军事及贸易交通要道。

高昌同样对丝绸之路无比重视，当时统治高昌的是麴氏王朝，他们都是汉人。他们由于种种原因，经过几代的迁移和流浪，在今天山南北定居下来，并长期统治着这里。他们沿用的是汉族的礼制，官制也是沿用汉族的官制。无论政治、经济、文化都比邻国的水平高，就连风俗习惯和社会制度也与中原基本相似。

唐初高昌和唐朝的关系还算比较融洽，当时在位的高昌王是麴伯雅。武德二年（公元619年），麴伯雅死后，其子麴文泰继位。当时唐高祖为表示对邻国的友好，曾派使者前去吊唁，高昌也向唐朝贡献过拂菻狗，两国之间互相往来，没有战事。太宗登基后，高昌为表示祝贺，还上贡玄狐裘，太宗非常高兴，也回赠厚礼。贞观四年（公元630年），唐朝以绝对优势战胜了东突厥，高昌归附唐朝，麴文泰亲自到长安朝见太宗，太宗以国家最高的礼仪予以接待，其妻宇文氏请求加入唐朝宗籍，太宗非常爽快地答应了她的要求，封为常乐公主，赐姓李。后来，由于吐谷浑和西突厥迅速崛起，使丝绸之路被阻隔。高昌便又向西突厥称臣，并且垄断了通往西域的商路，损害了唐王朝的利益。

贞观六年，唐太宗想通过焉耆重新开辟一条通往西域的道路，高昌很不高兴，认为唐朝在故意和高昌作对，因为隋末动乱，西域与内地另一通道闭塞，西域朝贡者皆经高昌进入内地，这样就给高昌带来许多经济利益。贞观六年（公元632年），焉耆王龙突骑支要向唐朝进贡物品，请求开通另一条通道，以方便各国和内地的贸易。太宗同意了这个请求，也想遏制一下高昌。高昌王麹文泰听到此事，非常恼怒，麹文泰深知仅凭本国力量不足以抗衡唐朝，于是与反对唐朝的西突厥乙毗咄陆可汗结盟，派兵进攻焉耆（今新疆焉晋西南）国。麹文泰之所以恼怒，是因为这一条道如果开通，天山以南各国将不再经高昌到内地，其经济利益会受到很大损害，也影响到过境贸易。从此以后，凡西域朝贡者途经该国，都遭到掠夺，使丝绸之路中的这个交通中转站不大通畅。伊吾（今新疆哈密）是唐朝的属国，高昌与西突厥专门进攻伊吾，掠其人口财物，只要是臣属于唐的国家，高昌和西突厥就进行侵略。

太宗对此极其愤怒，下书谴责麹文泰，要其派心腹大臣阿史那矩派到长安解释清楚，麹文泰却毫不理会，只派来一个一般的使者。太宗对其使者说："高昌数年以来，拒不朝贡，所置官员称号，与天朝相同，这是大逆不道的行为。我的使者在高昌听到麹文泰说：'鹰高飞于天，雉低伏于蒿草，猫在厅堂游转，鼠深藏于洞穴，各得其所，岂有不能生存的道理！'又遣使对薛延陀（此时薛延陀还未灭亡）说：'既然你们也称可汗，那就与天子一样，何必见到唐朝使者行拜见之礼！'高昌逆我天威，不扫平你国，别国也会群起仿效。"

贞观十三年（公元639年）十二月，太宗任命交河道行军大总管、吏部尚书侯君集，副总管、屯卫大将军薛万均等准备出击高昌。

高昌王麹文泰听说唐起兵来攻，悠闲地对部下说："唐离高昌七千里，流沙无人烟处就长达二千里，地无水草，寒风如刀，热风如烧，大军还未到达，就先死过半。秦陇之北，城邑萧条，还没有隋时繁荣。现在攻我高昌，发兵多粮食供应不上，发兵三万以下，我的兵力足以战胜，以逸待劳，坐收其弊。若屯兵城下，不过二十日，粮尽必然逃跑，我出兵追赶，必获全胜。"

不几日，探马来报，说唐军已经成功穿越沙漠，驻扎在碛口。麴文泰没想到唐军会如此迅速，连惊带吓，旧病复发，不等唐军攻到，已经撒手西归了。麴文泰之子麴智盛继承王位，准备为父亲举行葬礼，唐朝探马来报，到时候高昌军队和政府要员都集中在那里。诸将认为应该趁他们聚集之时，消灭他们。

侯君集说："因高昌无礼，天子才派我前来讨伐其罪，现乘人之丧而偷袭，不是军队所为。"于是他命唐军擂鼓以告知唐军的到来，到达田城。没有立即攻城，而是宣谕圣旨，令其投降。

麴智盛却不识时务，侯君集命令攻城，不到半日便攻破了城池。城中男女老少七千余口，全部被俘，侯君集下令不准虐待俘虏。

随后，侯君集又命中郎将辛獠儿为先锋，马上赶到高昌都城，把高昌团团围起来。晚间辛獠儿便率军赶到高昌都城之下，将高昌的都城围了个水泄不通。

高昌王眼看无法抵挡，无奈之下致书侯君集说："先王得罪天子，上天已惩罚了他，已经身故。我继位不久，没做对不起天子的事情，还请尚书怜悯并详察。"

侯君集回信："如果你真能悔过，我也不难为你，只要你率百官到军门投降，我便从轻处理。"

麴智盛是个没有主意的人，许多大臣都劝他不要出降，坚守城池，西突厥一定会派兵增援，他犹豫不决。侯君集在城外等候出降，但已过约定的时辰，却不见半个人影。侯君集大怒，下令立即攻城，他们用飞石攻城，城中人均躲在家里不敢出来。侯君集命令做巢车，居高临下，俯射城中。城内无法抵抗，只好投降。唐军一鼓作气攻下22城，得到8046户，人口17700，土地东西800里，南北500里。太宗听到捷报，非常高兴，对征战的每位士兵都给予了奖赏。还对大臣说，有君集这样的人才，何愁边疆不定，我可以高枕无忧了。太宗在高昌设西州，以可汗浮图城为庭州，州下设立属县。

太宗将高昌纳入唐朝版图，并派兵驻守在那里，有效地确保了中西交通要道的畅通与安全。防止像以前一样，唐军一来，各国都纷纷臣服，唐军一走，跟着就又都各自为政，不能使丝绸之路畅通无阻。第二可以防止西突厥联络西域各国卷土重来。

太宗在高昌设置州县，建立安西都护府，永久地把高昌纳入了大唐的版图，为和西方国家进行经济、文化交流创造了良好的环境。太宗此举意义非同一般，高昌成了以后统一西域的中转站。

第四节　　盛世王朝

唐太宗统治下的中国，东临浩渺的海洋，西北南面有无涯的草原、茫茫的大漠、茂密的森林，他的功业可与秦皇、汉武媲美。

唐太宗对内搞"民主"，对外搞"开放"，天下万国涌来长安，又从这里涌向世界各地！

唐太宗的大唐帝国是名副其实的"中国"！

唐太宗的文化、政治、经济，犹如长江、黄河的波涛，从长安流向世界各地，如今在大洋彼岸还有唐人街、唐人庙……

时光具有一维性，一去永不复，但是它所留下的痕迹将永不磨灭。

君不见那伸向大漠和海洋的唐代丝绸之路！

中国，与其说是一个国家，不如说是一个大陆：东临太平洋，西有帕米尔山及其延伸的大山——天山、昆仑山、喜马拉雅山以及由它们组成的青藏高原、帕米尔高原及伊朗高原，把中国同西亚和南亚隔开；北面和西面是广袤的沙漠和草原，再北是寒冷的西伯利亚；南面是茫茫的大海和云贵高原。

这是一个相对独立的世界。

远古时代，就是在这块广袤的原野上，各部族之间在竞争，在发展，但他们有一个共同的特点：都是黑头发、黑眼睛、黄皮肤。他们所处既相互交往又相互独立。有时还进行着激烈的战争，最后出现了几个伟大人物，使这些部落逐渐统一在一个国家里。

传说中的黄帝，统一的范围很小；夏、商、周也是邦国林立，未形成统一的国家，国王只是名义上的天子。当时各国之间的外交和贸易，也只是在中国这块土地上进行各国间的外交贸易，春秋、战国最为典型。

中国的统一是从秦始皇开始的，接着又出现了几位统一中国的伟大人物，最著名的要算汉武帝和唐太宗了。

试想，如果没有他们，可能中国就会像欧洲那样，至今仍是几十个国家。这三位伟大的人物奠定了中国统一的基础，也奠定了中华民族的基础。所以至今全世界都把中国叫作"秦"（china）；把中国的主体民族，叫作汉族，事实上，汉帝国统治下的民族不仅是汉族；把在外国的中国人叫作"唐人"。除此以外，没有哪个朝代和个人的影响能超过这三个朝代和这三位伟人。

中国古代也有外交，也有贸易，但就今天的眼光来看，都是内部的交往，内部的贸易。秦以前的外交和贸易当然超不过今天中国的范围。

相传周穆王喜欢东游西逛，曾前往瑶池拜谒西王母。那瑶池在什么地方呢？据说就是现在离新疆乌鲁木齐不远的旅游风景区天池，离现在中国的边境还很远，并说不上出国。当然这仅仅是传说而已，根据当时的生产条件，要想穿越广阔的沙漠、戈壁、草原和森林，到达天池边还是不可能的。不讲气候环境，就是要避开从西伯利亚南下的狼群也是非常困难的。

真正称得上外交和外贸的恐怕要从汉武帝开始。汉高祖刘邦白登之围后，文、景两帝休养生息，无法彻底战胜雄踞北亚的游牧民族匈奴。自从黄帝以来，匈奴就经常侵扰北部边境。秦、赵、燕三国修长城以拒之，秦始皇把长城连成一片，构成了中华民族的伟大精神。

汉高祖、汉文帝、汉景帝采用和亲和用财物收买的政策，但不能从根本上解决问题，这些游牧民族成了中原农业国家的心腹大患。

汉武帝时国力强大，解决匈奴问题的时机已经成熟，经过多年准备后，派卫青、霍去病打败匈奴，封狼居胥，彻底解决了来自北方的威胁。

张骞通西域，第一次打通了中国通往西亚的通道。

中国西部的大山荒原，隔断东亚和西亚的道路，但是却留下一条通道，这条通道通过甘肃河西走廊，进入吐鲁番哈密盆地，再穿过广阔的塔里木盆地翻过帕米尔高原，进入伊朗高原、阿拉伯高原到达地中海。

这条道路十分艰险，要穿过茫茫草原、广阔的沙漠和戈壁，翻过终年积雪的大山。就是这样一条路，汉武帝以前，由于匈奴占领了河西走廊以西地区，是无法通过的。匈奴被打败后，张骞再通西域，一条中西通道形成了，这就是历史上著名的丝绸之路。

这是一条外交通道，贸易通道，又是一条信息通道，它把中国的科学、文化、技术传到西方，又把西方的科学、文化、技术传到中国，两种文化的结合和碰撞，产生了更高层次的文化。成群的骆驼在大漠中形成了一道美丽的风景线。从此，这条通道成了中国和外部世界交流的主要渠道。

东汉时期佛教的传入主要是这条通道；中国造纸术传到西方，也主要是靠这条通道。东汉末年到三国两晋南北朝，这条通道因政治原因被阻塞，但间接交往还存在，只是没有像强大的汉朝那样畅通无阻。隋文帝想恢复汉帝国的雄风，但并没有直接打通这条汉武帝时开辟的通道。

只有到了唐太宗贞观年间，唐太宗通过一段时间的休养生息，通过几次战争，打败了当年匈奴雄踞地区的突厥，打开了通往西域的丝绸之路。

唐朝对外通商往来的国家由隋朝时的十几个国家发展到七十多个国家，唐太宗和他的继承者们鼓励各国商人到中国贸易，大批的外商从陆路、海路来到长安、洛阳、扬州、广州等城市，汉武帝开辟的丝绸之路得到了恢复和发展，延伸到了遥远的西域和地中海沿岸，并伸向了广阔的海洋。

唐太宗打开西域的贸易和信息通道以后，西域各国纷纷内附，在经济、文化上互相交流，各国间在交流中受益颇丰。下面对今境外西域略加介绍：

识匿国：在今新疆塔什库尔干西500里。贞观十六年（公元642年），遣使来朝。唐高宗时，置至拔州都督府，任国王为都督。

护蜜国：高宗时置都督府国王为都督，肃宗时赐姓李。

康国：两汉时称康居国，唐太宗时遣使内附，高宗时置都督府，任国王为都督。

安国：贞观初遣使来朝，高宗置安息州，任国王为刺史。

曹国：分东、西、中三国，附于唐。

石国：唐高祖时遣使来朝，高宗时设大宛都督府。

米国：高宗置南谧州，任国王为刺史。

何国：高宗时置贵霜州，任国王为刺史。

火寻国：向唐朝贡。

史国：高宗时设沙州，国王为刺史。

拔汉那国：西汉时的大宛国。高宗时来朝，置休循州都督府，任国王为都督，因助战有功，玄宗封他为奉化王；

公元741年，改国号为宁远；

公元744年，国王娶唐和义公主为妻；

公元754年，遣王子入朝留长安学礼。

吐火罗国：西汉时的大夏国。

公元661年，唐置月氏都督府，任国王为都督。

波斯国：今伊朗，西汉时为安息。

公元633年，大食（阿拉伯）侵波斯，波斯战败，国王伊嗣侯逃亡；

公元647年，伊嗣侯遣使来朝，请求援助，因道路遥远，唐太宗不许；伊嗣侯死，子卑路斯逃亡到吐火罗，又遣使来求救，唐高宗因路途遥远不允许出兵；

公元661年，在卑路斯的请求下，高宗设波斯都鲁府，任卑路斯为都督，但波斯土地已被占领，只是空名，后卑路斯入朝，死在长安；

公元679年，高宗派裴行俭护送王子回去，泥师不得入国，客死在吐火罗。波斯的残余部众向唐表示友好，直到唐代宗时还有以"波斯"名义来"朝贡"的，不少波斯人居住在中国，其中大部分是商人。

唐朝的势力到达了里海东岸和北岸，影响更远。

亚美尼亚：亚美尼亚的史书中说：中国是世界上最东的国家，人民富裕，文化灿烂，民情温和，不但可以称为"和平之友"，而且可以称之"生命之友"。这国产丝很多，从上到下都有丝衣。在亚美尼亚，只有王侯巨富才有丝衣。史书还记载，亚美尼业居民中有很多中国人，有一个叫奥配良族的，自称是中国的皇族。一个叫马密哥尼族，自称东汉三国时从中国逃难到波斯，又转到亚美尼亚。玄奘《大唐西域记》记载说，有一个小孤城，三百多户，原是中国人，被突厥掳掠，迁到西域，后和国人共保此城，服装礼节，已和突厥相同，语言风俗还保有中国本色。

在中亚许多国家都有中国人，这些人就是早期的华侨。

东罗马：当时又叫拂菻国、大秦国。7世纪初，东罗马史书《莫利斯皇帝大事记》一书记载，称中国为陶格斯国，君号为天子，国内安宁无乱，国家权力都归国君一家世袭，无人争夺。陶格斯崇拜偶像，法律严明，公正不枉。人情温和，技巧异常，物产丰富，善于经商，多有金银财帛。国家统一，户口众多，天之上，地之下，没有一个国家能够和它为敌。

国中有蚕，丝就是蚕吐出的。因受大食威胁，东罗马对无敌的中国抱有相求的希望。

贞观十七年（公元643年），东罗马国王波多力派使者来唐，献赤玻璃、绿金精等物。太宗回信答礼，并回赠丝织品。

公元667年、公元701年，东罗马使者先后来朝，公元719年两次来朝，献狮子、羚羊和其他方物，并有宗教首领代表国王来访。在唐朝前期，东罗马使者来唐7次，中国使者也访问东罗马。

西域是通往西方世界的交通要道，在唐太宗及其继承者打通这条通道后，东西方的政治、经济、文化空前繁荣，促进了东西方经济文化的发展，把古老的东西文明联系在一起了；通过这条通道，还把中国和南亚国家联系起来。高大的喜马拉雅山和雄伟的青藏高原把南亚次大陆分割开来，当时要翻越雪域高原，真是太难了，而通过西域这条通道就容易多了。

印度：汉时叫身毒，唐时叫天竺，都是"印度"的谐音。天竺分为中、东、南、西、北五部。

唐高祖时，中天竺戒日王征服四天竺。

公元636年，中国名僧玄奘到中天竺，受到戒日王的隆重欢迎。

公元641年，戒日王遣使来朝聘，唐太宗也遣使以厚礼回聘。王玄策出使到天竺，四天竺国王都遣使随王玄策来访。

公元648年，戒日王病死，这时王玄策等人正在中天竺，叛臣阿罗那顺篡位自立，发兵攻击王玄策，夺取各国聘礼。王玄策逃到吐蕃，吐蕃出兵1200人，泥婆罗（尼泊尔）出兵7000人，击败了阿罗那顺，收回了各国聘礼。

尼泊尔：当时译为泥婆罗。太宗派史官经吐蕃，再经尼泊尔到印度，尼泊尔国王大喜，优礼相待，从此和唐保持友好关系。

新罗：隋朝和唐初，朝鲜半岛上的国家和中国就有往来，新罗和唐朝的来往频繁。新罗来唐的留学生多时达到200余人，他们回国广泛传播唐朝的文化。新罗商人的足迹踏遍大江南北，新罗物产居唐进口的首位，新罗音乐进入隋、唐家庭，新罗仿照唐朝的科举制选拔官吏，采用唐朝历法。

日本：中国和日本在西汉时已有交往，东汉光武帝给日本国王舍印。三国时，日本使者来魏4次，魏使者去日本2次。南朝时，两国使者经常往来。隋朝时，日本使者来中国4次，中国使者去日本1次，并派留学生、学问僧来中国学习。唐太宗贞观五年（公元631年），使者朝唐，整个唐代，派使者来朝在13次以上，每次都带有留学生和学问僧来中国。

流鬼：在堪察加半岛，公元640年，国王遣使来朝，太宗给使者骑都尉的官号。

唐朝贞观及以后一百多年里，唐朝凭借强大的国力和武功作后盾，维持广大地区的国际市场。唐初武功之盛是空前的，版图之大，超过西汉：东至朝鲜，西至新疆，南至安南，北至外蒙古，葱岭以西、中亚地区几乎都被征服，构建了大唐贸易的海陆丝绸之路。

第六章

太宗风骚

第一节　文治武功

衡量一个人的成就用"修身、治国、平天下"较为全面，而唐太宗在这三个方面都是强者。对天下而言，他建立了大唐帝国；对国家而言，他是一个贤明的君主；对个人而言，他是一个文武全才。在武艺上，唐太宗崇尚骑马射箭，对弓箭和马匹情有独钟；在文化上，他喜欢作诗，爱好书法。

唐太宗一生对弓箭和马匹情有独钟。他武功出众，弓马尤为娴熟。也许这与他生活的环境有关吧，唐太宗从小生长于北地，其实李氏家族从李虎起定居于西北，到唐太宗时已经第四代了，北方民族粗犷强悍，不屈不挠的尚武精神对唐太宗影响较大。还有一个原因就是唐太宗也是出生在关陇地区，关陇集团是一个军事集团，尚武的风俗尤其浓重。尚武习俗还有来自家庭的影响，李渊因家庭的原因，曾经勤学苦练，唐太宗既为关陇集团的人，又是李氏家族的人，也会像其父李渊一样，决不会在习武方面有所差池。所以唐太宗从小就形成了英武果敢的性格，喜弓善射就是这种性格的反映。

晋阳起兵后，唐太宗东征西讨，出生入死，弓箭从不离身。他所发射的箭，比通常用的箭大一倍，命中率高，威力大，能射穿门阖。房玄龄赞扬他"箭穿七札，弓贯六钧"。统一战争中，与宋金刚对峙，反击单雄信的袭击，讨伐刘黑闼，他的箭都神助似的护卫他，使他化险为夷。他曾说过"我用弓箭平定天下，所用的弓和箭够多了"，确实是这样。后来他回忆说："朕少好弓矢，自谓能尽其妙。"又说："朕少尚威武，不精学业，先王之道，茫茫涉海。"通过这些话，可以看出唐太宗在少年时代就是一个强悍骁勇的贵族子弟，读书少、善骑马、好弓矢，性格豪放，剽悍善战。武德时的重臣陈叔达也说过秦王性情刚烈的话。这一切都是唐太宗性格特点的真实反映。

唐太宗崇尚骑马射箭或许也是遗传的原因。李氏是汉是胡，直到现在，史学家们还有很多争议，但是李渊及其子孙具有胡族血统的成分却是不争的事实。

如前面提到的李渊祖父李虎的兄长名起头，弟名乞豆，起头之子名达摩，这些名字都属胡人的名字。

李氏家族中有人容貌像胡人，如单雄信曾呼李渊之子李元吉为"胡儿"。唐朝宗室滕王李涉的容貌也和胡人相似。说明李唐有胡族血统。

还有李氏先人中有很多都是娶的胡人。例如高祖李渊的母亲独孤氏是鲜卑人；唐太宗的母亲太穆皇后是西北少数民族和鲜卑人的混血儿；高宗皇帝的母亲长孙皇后是鲜卑人。

唐太宗李世民的血管里流着胡人的血，也流着汉人的血，他实在是一个地地道道的混血儿。这生物性的因素，大概构成了唐太宗的独特性格：孔武有力，豪放不羁。

唐太宗对弓马的喜爱之情，也可以从他平定天下后所作的两首诗里看出来。

一首题为：

出猎

楚王云梦泽，汉帝长杨宫。岂若因农暇，阅武出辕嵩。

三驱陈锐卒，七萃列材雄。寒野霜氛白，平原烧火红。

雕戈夏服箭，羽骑绿沉弓。怖兽潜幽壑，惊禽散翠空。

长烟晦落景，灌木振岩风。所为除民瘼，非是悦林丛。

另一首题为：

咏弓

上弦明月半，激箭流星远。

落雁带书惊，啼猿映枝转。

《咏弓》诗中用"激箭流星远"来描述他所射之箭的速度。同时也显示出太宗射箭的高超技术。

唐太宗即位后，已经不必带兵打仗，驰骋战场已经成为过去，亲操大羽箭，以一当百，百发百中都只是对当年的回忆了。

如在武德九年九月，他为了能和将士们在一起拉弓射箭，便自封为警卫将卒"习射"的教练，在显德殿庭院中不辞辛劳地教士兵们练箭。士兵都以和太宗皇帝一起练箭为荣，所以每天都有好几百人参加练箭，为了鼓励大家，太宗悬赏，射中的就可以得到弓刀与布帛。朝臣从安全角度考虑，劝他不要这样做，他不听，一有空就去当习射教练。贞观年间，太宗还广泛地收藏弓箭，并且和能工巧匠一起研究弓箭的好坏。他对弓箭的感情，不能单单用喜爱来表达，其中还有对当年驰骋沙场的怀念。

　　唐太宗爱马与他从小习武和驰骋沙场是分不开的。马匹是古代最重要的作战工具，它能保证部队最大的机动性，唐太宗更是骑兵战术的高手，所以在作战中更喜欢用骑兵来取胜。如在霍邑一战中他以轻骑飞快插入敌军背后。宋老生腹背受敌，士卒哗然溃散。这是一次非常成功的骑兵战术的运用。

　　武德元年在浅水源决战中，唐将庞玉和敌将宗罗睺战于原南，"既太宗率御大军，奄自原北，出其不意。宗罗睺望见，复回师相拒。太宗将骁骑数十入贼阵，于是王师表里齐奋，宗罗睺大溃。"这里写到太宗将骁骑数十入贼阵。是骑兵阵后反击之战术，骑兵又一次为他打天下立下了汗马功劳。

　　武德三年（公元620年），在追击宋金刚的战斗中，唐太宗追至介州，宋金刚尚有士卒两万，出西门，背城布阵，南北七里。唐太宗遣总管李勣、程知节、秦叔宝当其北，翟长孙、秦武通当其南。"诸军战小却，为贼所乘。太宗率精骑击之，冲其阵后，贼众大败，追奔数十里。"又一次以骑兵战术取得了胜利。

　　武德四年五月，在虎牢之战中，正当"诸军大战，尘埃涨天"的时候，"世民率史大奈、程知节、秦叔宝、宇文歆等卷旆而入，出其阵后，张唐旗帜，建德将士顾见之，大溃"。建德虽有骑兵，但远不及唐军精锐。唐太宗的骑兵再显神威。

　　每次战斗，大都是由骑兵扮演重要的角色。而且身经百战的唐太宗，胯下所骑之马都是非常有名头的。这些马都为他立下了赫赫战功。所以他即位后，对马匹的供给与繁衍也十分重视。太宗时期建立了完整的马匹管理系统，国家开始了大规模的养马。其中幅员辽阔的陇右地区就是唐朝的养马重地，马种都是上等的纯种，周边国家和少数民族地区也是出产好马的地方，唐朝主要通过贸易、贡献、和亲聘礼等方式获得马种，还有不少良马是在战争中得到的。唐朝把引进的良马统称为胡马或番马，为了便于区分和管理，对种类不同的马要烙上不同的马印，仅《唐会要》卷七十二《诸蕃马印》条就留下了约三十五种不同来源的外来马的马印实图。可见唐朝对外来马的引进非常成功。

太宗重视养马的政策是从国家需要出发的，也是长期战争实践的启示。如果一旦战争爆发，战马就成了最重要的工具。尤其是对周边游牧民族的战争中，没有马匹根本无法战斗。太宗本人拥有许多匹良马。他对马的喜爱也到了如醉如痴的地步。隋文帝时，大宛臣服于隋朝，每年都要进贡。有一年上贡的是一匹千里马，叫"狮子骢"，据说这匹马速度快得惊人，从长安到洛阳的路程，朝发夕至。隋朝末年，天下大乱，这匹马也不知流落到何处。太宗即位后，一直惦记着这匹马的下落，命人四处寻访。后来被宇文士及从朝邑（今陕西大荔东南朝邑镇）一家磨坊找到，那些人根本不识货，只是用来拉磨而已，"狮子骢"被折磨得皮焦尾秃，再也没有了往日飘逸的风采。太宗得知消息，亲自到长安城东的长乐坡去迎接。看到此马时，流露出对"狮子骢"的怜惜。此马虽老，但"仍生五驹，皆千里足也"。

唐太宗因爱马，曾留下了一些咏马的诗篇。

唐太宗不但爱马，也是识马的高手。武牢战役中，隋炀帝的骢马被窦建德的部将王琬骑着，李世民一眼就看上了这匹马，赞叹说："彼之所乘，真良马也。"尉迟敬德听到后，立即冲入敌阵，把王琬连同骢马都擒获归来，成为唐太宗的坐骑之一，太宗给他取名叫黄骢骠，贞观晚年在随他出征的途中死亡，他"颇哀惜之，命乐工制《黄骢叠曲》"。

太宗骑过很多战马，但是最著名的，就是建唐过程中所骑的六匹，那六匹马跟他出生入死，多次救了他的命。太宗把这六匹马合起来称为"六骏"。这六匹马据研究都是来自西北的胡马。从"特勒骠"的命名，可知它是来自突厥的良马。唐太宗晚年对六骏非常爱惜，经常去看六骏的情况。

爱好弓马的唐太宗特别喜欢围猎。虽说不能像成吉思汗那样弯弓射大雕，但是在他的宫苑或猎场内也有很多珍奇动物，追逐野兽，搭弓拈箭，似乎还能找到以前那种豪气冲天的感觉。天下太平之时，太宗进行围猎，也不仅仅是为了自己的喜好，他还有战备的意思，俗话说"养兵千日，用兵一时"，平日里如果不进行操练，到了有战事的时候也是派不上用场的。有这样一个故事：有一只很能跑的兔子，有一天被人抓去了，说是为了让兔子参加百米赛跑。然后他把兔子放在笼子里养了起来。等到比赛的那天，他把兔子放出来，让它参加比赛。可是没跑几步，兔子就因为运动过于激烈而死了。所以说唐太宗在狩猎的同时也是在训练。从他跟大臣的言谈之中我们可以看出，他在围猎的同时，也透露出他的某些治国思想。

贞观十一年（公元637年）十月，太宗在洛阳苑围猎，这次要围猎的是一群野猪，太宗一马当先追了上去，拉圆了弓，一连发了四箭，射死四头。有一头野猪情急之下，竟然回头向太宗的马前奔了过来，眼看将要咬到马镫；民部尚书唐俭怕太宗有危险，催马上前与野猪搏斗，一时僵持不下。太宗赶到近前，拔出宝剑砍死野猪。有不少人都反对唐太宗围猎，说围猎会有危险。但是，太宗有自己的想法。有一次，他对侍臣们说："上书奏事的大臣们都说朕游猎频繁，如今天下无事，武备的事不能忘，朕时常与身边的人到后苑射猎，没有一件事烦扰了百姓，这有什么害处呢？"围猎不忘武备，唐太宗有这样的战略眼光的确是很高明的。因为当时很多朝臣认为，既然天下太平，就不需要再重视军队。这种战略眼光和李世民的眼光相差甚远。军队是维护封建统治阶级的机器。如果军队瘫痪了，那么，统治阶级的地位也就摇摇欲坠了。

唐太宗虽然喜欢围猎，但不像有些皇帝，玩物丧志，什么也不顾，只顾自己享乐。他不但注重自己的感受，也很重视国家的感受。如果妨碍到国家大事，太宗还是以国事为重。例如贞观十四年十月，太宗本来要去同州狩猎，正赶上庄稼刚刚成熟，百姓正在收割庄稼，好多地方收割十分之一二，如果再让他们承担狩猎之事，又是筑路又是修桥，耗费的人工最少也有一两万人的工力，那样庄稼就会荒废。于是刘仁轨就向太宗上奏，希望能稍微停留十天半个月，等到粮食收割完，再进行狩猎，百姓就能腾出时间去赶那些活了，这样的话，对国家、对人民都有好处。太宗觉得刘仁轨的建议很有道理，于是把狩猎推迟了一个月。唐太宗很重视出猎，但也不是随性而出，他的出猎是有计划、有步骤，而且是很理性的。他尽量不去扰民，有时还给冬闲的农民带些新奇，运气好的百姓还能一睹太宗的威仪。

唐太宗是一个文武双全的人，只不过年轻时常常四处征战，很少能静下来，所以也就没有时间去舞文弄墨。等到战乱平定了，当上了皇帝，政治安定，经济也开始步入正轨。太宗也有了闲暇的时间，于是他开始写一些文章，或者赋几首诗出来。他前半生没写多少诗文，但他的后半生却做了很多诗文，其中不乏上上之作。《全唐文》《全唐诗》

中，有太宗的文7卷、赋5篇，诗1卷69首。唐太宗以君道自励，以慎终自勉，以吏事鉴今，以帝范训子，以忠谏察臣，以正直垂节。文章内容丰富，多涉戒奢、防骄、纳谏、任贤，宣扬王道，探究人事，励精图治，拨乱反正，直接为"贞观之治"的政治服务。

首先是太宗诗的内容政治性较强，不少诗句都体现了他治国惠民、明慎刑赏、察善纳谏、节用惜费、发展生产的思想。其中以《帝京篇》组诗最为著名，组诗共10首，以首写长安宫殿始，末以反省戒骄终。开篇："秦川雄帝宅，函谷壮皇居；绮殿千寻起，离宫百雉余。连甍遥接汉，飞观回凌虚；云日隐层阙，风烟出绮疏。"诗句对仗工整，气魄宏大。末首五句较为集中地阐述了他治国惠民的政治思想："人道恶高危，虚心戒盈荡；奉天竭诚敬，临民恩惠养；纳善察忠谏，明科慎刑赏；五六诚难继，四三非易仰；广待淳化敷，方嗣云亭响。"指出治国不善，可能危及国家安全，因此，必须保持清醒的头脑，警惕政治上的自满和生活上的放纵。励精图治还需明察臣下的直言规劝，择善而从；明确法律条文，才能赏罚分明。末了还假托天命以敬天临民、剥削有节而称明君。

如太宗的《咏雨》诗有"和风吹绿野，梅雨洒芳田"；"花沾色更鲜，对此欣登岁"等句。从绵绵春雨联想到农业生产，把一个帝王期盼丰年的心情表现得淋漓尽致。再如《登三台言志》诗："未央初壮汉，阿房昔侈秦。在危犹骋丽，居奢遂役人。岂如家四海，日宇馨朝伦。"指出了暴秦摧残人民，营作不息，致使天下鼎沸，社稷倾颓的历史教训，体现了他轻徭薄赋，与民休息的治国思想。

太宗诗作的另一特点，即某些诗篇抒发了他指挥千军万马，扫平割据，统一全国的不凡气概，气势雄伟，有较强的感染力。如《经破薛举战地》中的"移锋惊电起，转战长河决。营碎落是沉，阵卷横云裂"等句，一扫往日辞藻纤丽、缺乏气势的缺点，无论措辞与气魄都有很大的变化。他的《饮马长城窟行》气势雄壮，视野宽阔，悲凉慷慨，为太宗诗作中难得的佳作，其中有"塞外悲风切，交河冰已结。瀚海百重波，阴山千里雪"与"围悠卷斾旌，饮马出长城。塞沙连骑迹，朔吹断边声"等句写得最好，没有边塞战争经历的人，很难写出这样的诗句。

由于唐太宗喜作诗文，日积月累，遂成鸿篇。唐太宗不重文名，注重修身，以昭君德，形成了文以载德的文艺观。

唐太宗多才多艺，世人皆知，尤其书法，不但极其喜爱，而且唐太宗本人也写得一手好书法。唐太宗爱屋及乌，由自己爱书法到喜爱书法大家，而且注意收揽和培养书法人才。贞观年间，他曾在科举取士中，专门为书法人才设了一科叫明书科，用来发现书法人才。唐太宗把招收来的人才放到国子监和弘文馆，延请名师加以指点。

唐太宗最喜爱的是王羲之的书法，认为他的书法既得各家之所长，又独树一帜。他只要见到王羲之的真迹，就不惜重金买下，买不到的，想尽一切办法也要得到。唐太宗把收买到的3600幅遗墨，统统用一丈二尺装成一轴，挂在殿内，一有空暇，就观赏临摹，乐此不疲。

闲时他经常学习王羲之的书法，学习的第一步就是临摹，临摹得法与否，是学习书法成功的关键。太宗对这一点有独到的见解，他说："今吾临古人之书，殊不学其形势，唯在求其骨力。及得其骨力，而形势自生耳。然吾之所为，皆先作意，是以果能成也。"这种见解是经过多年学习书法得到的体会，也正是学习书法的要领。

　　太宗学习书法不仅仅是临摹，还专门拜了老师，第一位老师应该是虞世南。虞世南也应该属王氏一门书法，因为他的师父是智永，智永本就是王羲之的七世孙，在山阴永欣寺出家为僧，人称"永禅师"。智永擅长楷书与草书，继承王氏家族书法，精熟过人。虞世南虽然拜师智永，但他却更能体会王书的精要，可以说是青出于蓝胜于蓝。也就是说虞世南的书法要比智永高。太宗跟随虞世南学习书法，精进甚快，房玄龄说太宗的笔力超过前代的名家钟繇、张芝，这话虽有些夸大，但太宗的书法水平较高，却是不争的事实。

　　太宗还把一些初学书法时的体会记载了下来，他说写书法一定要做到心神正，志气和，"心神不正，字则倚斜；志气不和，字则颠仆"。太宗还根据自己长期学习书法的体会，总结了一套笔法要诀，对字的点、画、擎、竖、戈、环、波等笔画的写法，都有自己独到的看法和体会。太宗还认为任何事情都不是由天赋来决定的。而是由恒心和毅力决定的，只要功夫深，铁杵磨成针，所以要想学精，就要专心致志，用心苦练。但他要人们多动脑筋思考，苦练是量的积累，思考是质的飞跃，没有量的积累是不可能有质的飞跃，但是要不断总结经验，才能进行质的飞跃。他曾说过"学书之难，神采为上，形质次之"。就是说学习前人书法重在神似，其次才是形似，只要做到形神兼备，便可达到古人的水平，再加上自己的体会和心得，便会超越古人，自成一派。

　　太宗随虞世南学书，已深得其精髓，不幸的是，虞世南去世后无人再教太宗练习书法。有一天太宗在同褚遂良研究书法，发现其眼光独到，太宗忽然灵光一闪，高人就在眼前，何必煞费苦心到处寻找。褚遂良也是得到王氏书法真传的大书法家。太宗记起这样一件事，一次在练习书法时，太宗写"戬"字，只写了一半，留下了"戈"偏旁未写，命虞世南补全此字，然后让褚遂良点评。褚遂良说："今窥圣作，惟戬字戈法逼真。"太宗对他的独到眼光非常钦佩。想到这些更坚定了他拜师的信心。

由于虞世南的去世，太宗对能得到褚遂良这样的名师指点感到很荣幸，也倍加珍惜，所以日夜勤学苦练，投入更多的思考时间。由于太宗学习方法得当，又有名家指点，因此书法境界提高很快。《唐朝叙书录》说太宗的"笔力遒劲，为一时之绝"。还有大臣说："太宗工羲之书，尤善飞白。"可见水平还是比较高的。"飞白"是枯墨用笔的一种书法艺术，字体犹如飞龙游凤，笔画中丝丝透白，所以称"飞白"。群臣非常喜欢太宗的"飞白"，太宗有时一时兴起，也当场书写送给大臣，其大多都赋予政治意义，对臣下或寄予厚望或予以勉励。太宗曾写下"鸾凤凌云，必假羽翼，股肱之寄，诚在忠良"，赐给马周，给戴至德写了"泛洪源，俟舟楫"；给郝处俊写了"飞九霄，假六翮"；给李敬玄写了"资启沃，馨丹诚"。贞观十七年，唐太宗在玄武门大宴群臣，乘着酒性，太宗书写了一帖飞白字。群臣争相抢夺，刘洎借着酒劲冲上御座，夺到了太宗所写字帖。太宗的行书也深得王书真传，代表作有《温泉铭》《晋祠铭》，并流传至今。

贞观书法所以继隋之后在艺术上造诣很高，与唐太宗推广王羲之的书法有很大的关系，尤其是王羲之的真书、行书、草书。他曾亲自为《晋书》作王羲之传论，极力推崇王书。太宗为了时时能看到王羲之的书法，他到处搜罗王书。为此专门请了能辨别王书真伪的褚遂良，经过褚遂良的鉴别，真假立辨，此后竟"无舛冒者"世间王书真品几乎被他搜罗殆尽，但唯独找不到王书最为著名的《兰亭序》。这幅用鼠须笔、蚕茧纸书成的名帖是王羲之当年在兰亭宴饮时的神来之笔，日后虽重写数本，均不及原稿。武德四年（公元621年）太宗得到了《兰亭序》真迹。太宗万分高兴，每天在临睡之前都要仔细观看一遍。又命赵模、韩道政、冯承素、诸葛贞四人各拓摹数本，赐给太子、诸王及功臣。由于他的偏爱与大力提倡，一时间朝野上下，学王成风。除了辗转摹写之外，另创王字刻碑新法。从此，神机流逸、遒媚缠绵的王氏书风便笼罩书坛。太宗对《兰亭序》的珍爱是难以表达的。

贞观二十三年（公元649年），太宗病卧玉华宫含风殿，临终前让高宗李治把《兰亭序》随他一起葬入昭陵中。太宗临终之前，还对《兰亭序》把玩不已。太宗死后，高宗按其遗愿，用玉匣盛装真迹随葬于昭陵之中。从此以后，《兰亭序》真迹便在人间绝迹，后人只能从唐人临摹的副本去想象真迹的风采了。李世民凭借帝王之尊，将王书推至"书圣"宝座，使羲之声名久远、书艺永为后世所称赞，李世民真是慧眼识英才。

唐太宗对当时的书法家最为钦佩的当数虞世南，不但书法为众人之冠，而且书法理论也很有见地。太宗经常引用他的话说："未解书意者，一点一画，皆求象本，乃转而取拙，岂是书耶。纵仿类本，体样夺真，可图其字形，未可称解笔意。此乃类乎效颦，未入西施之奥室也。"

唐太宗喜弓好马，并由此取得天下，开创了一番大业。另外，太宗还大力提倡书法，这与当时的社会环境有很大的关系。唐的官方公文是用隶、篆书写的，既费劲，又难认，已不适合当时的需要，所以，太宗通过推崇王书来实行书法的改革，为社会的进步奠定了基础。

第二节 贤内之助

人们常说："一个成功的男人身后，往往紧跟着一个伟大的女性。"作为皇帝，唐太宗的身边不乏女人。这些女人之中，对唐太宗影响最大的有三位：长孙皇后、徐惠、武则天。

长孙皇后，河南洛阳人，先世源于北魏皇族拓跋氏，因担任过宗室长，改姓长孙。祖父曾任北周左将军，父亲长孙晟，任隋朝右骁卫将军，和李氏家族一样是高门贵族。长孙氏13岁嫁给李世民，当年李世民16岁，时间是隋炀帝大业九年。

长孙氏家族和李氏家族有着广泛的联系，到了李世民，他和长孙氏的叔父长孙顺德是志同道合的密友，他们都看到隋朝即将灭亡趋势，希望建立一个稳定繁荣的新王朝，长孙顺德成了晋阳首义的积极支持者和参与者，为李唐王朝的建立立下了不朽功勋。

长孙氏的哥哥长孙无忌，在父亲死后，为舅父高士廉收养。高士廉是很有学问和名望的人，文史皆通，在他的影响和教育下，长孙无忌有很高的文化修养。他是位文才，不尚武，在统一战争中经常给李世民出谋划策，是玄武门之变的积极策划者，是李世民的股肱之臣。贞观时期他为相多年，在凌烟阁二十四位功臣中，名列第一，后又受太宗托孤，辅佐年轻的高宗皇帝，在高宗永徽年间，唐代社会保持了贞观遗风。长孙无忌后因武则天势力兴起而被赐死。

长孙皇后是个仁孝俭素的女性，读了很多书，是一个女才子，经常和太宗讨论古今天下的大事，有很多见解，对太宗帮助很大。长孙皇后为人宽厚，体恤下情，太宗有时对宫女发怒，甚至无端治她们的罪，长孙皇后也假装跟着发怒，要求把这些人交给自己治罪。她把这些人关起来，等到太宗怒气消了之后，才慢慢地给他说明道理。在后宫避免了滥用刑罚和冤案。

太宗有一个女儿豫章公主，母亲早丧，长孙皇后收养了她，待她超过亲生女儿。凡宫中嫔妃有病，皇后都要亲自探视，拿自己用的药品和食品前去看望，受到宫中上下的尊敬和爱戴。太子的乳母遂安夫人对长孙皇后说，东宫太子的用器太少，请皇后奏明天子，增加一些。长孙皇后不同意，说："作为太子，怕的是不能立德扬名，不怕器用少些。"

有一次，太宗退朝回宫，怒气冲冲地说："我早晚要杀掉这个乡下佬。"

长孙皇后问："陛下要杀谁？"

太宗说："魏徵经常当着大臣的面给我过不去，我要杀掉他。"

长孙皇后马上进里屋穿上朝服，出来向太宗行跪拜大礼，连声说："恭喜陛下，贺喜陛下！"

唐太宗赶快扶起，说："你为何行此大礼，喜从何来？"

长孙皇后说："陛下英明，是纳谏之主，魏徵忠贞，敢于直谏，指出陛下的缺点。君明臣贤，才能实现天下大治，如何不喜？如何不贺？我为陛下有这样忠直的大臣而贺。"

太宗恍然大悟，下令重赏魏徵。

长孙皇后生三子一女，长子是太子承乾，四子是魏王李泰，九子是晋王李治，公主长乐，长乐公主下嫁长孙冲。太宗认为长乐公主是皇后长孙氏所生，下诏有关部门，陪嫁财物比长公主加倍（唐朝的皇姑为大长公主，皇帝的姐妹为长公主，皇帝的女儿为公主）。

魏徵进谏："昔日汉明帝要封皇子，说，我的儿子不能和先帝的儿子相比，现在陛下给公主的陪嫁，反而比长公主加倍，我不明白陛下为什么要这样做。"

太宗不高兴，把这件事告诉长孙皇后。

长孙皇后叹息道："我曾听说陛下推崇魏徵，不知道为什么，今天听到魏徵的话，总算明白，魏徵是用礼来说服陛下，他真是社稷之臣。"

太宗减少了公主的嫁妆，赐给魏徵帛40匹，钱40万。

长孙皇后派人送帛给魏徵，并传话给他："听说魏公正直无私，今天才得到证实，希望你常守此志，不要有丝毫的改变。"

太宗生病，一年多不愈，长孙皇后日夜守候在旁，常把毒药吊在自己的衣带上，说："一旦有什么不测，绝不单独活在世上。"

长孙皇后有气病，贞观八年和太宗一起到九成宫，柴绍在中秋节报告朝廷有事，太宗身穿盔甲出宫询问，皇后带病相随，左右劝她不要出来。她说："皇上被惊，我怎么能安心坐在这里。"

长孙皇后病情越来越严重，太子承乾说："什么药都用了，什么医生都请了都治不好母后的病，我要奏请父皇赦免天下的罪人，并度人去当道士和尚，或许有希望使母后的病好转。"

皇后说："生死由命，不是靠人力能够挽回的，如果做善事能带来长寿，我从来没有做过不善的事。倘若行善无效，求之何益？赦免犯人是国家大事，不可随便做。如果要照你的话去做，我不如快些死去。"

太子不敢奏闻，私自给房玄龄讲，房玄龄告诉太宗，太宗为了救长孙皇后，准备发大赦令，长孙皇后坚决反对，太宗只好依她。

长孙皇后的病情一天天严重了。

当时房玄龄被太宗免职回家。长孙皇后对太宗说："房玄龄跟随陛下多年，小心谨慎，奇谋秘计，平乱治国功勋卓著，如果不是大错，不要轻易撤职。我的本宗，因我的缘故而得到高官厚禄，不以德才显贵，是很容易遭祸的，要保全子孙，请不要让他们掌握大权，只按外戚的规定给予俸禄就行了。"

长孙皇后请求太宗说："我在宫中，尊贵已极，不愿意兄弟子女满布朝廷。汉朝的吕太后、霍太后全家遭斩的教训应引以为戒，特别不能让我哥哥当宰相。"

唐太宗在一段时间内准长孙无忌辞职，后来又根据功劳仍授长孙无忌宰相之职。

长孙皇后写了一篇文章，对东汉明帝马皇后不能抑制外戚专权进行非议。马皇后德行、人品均是东汉时后妃中的佼佼者，她知书、达礼、孝亲、事君、节俭。汉章帝即位尊为皇太后，还封马太后的三个哥哥为列侯，马太后虽然对其进行训诫，但仍同意授爵封侯，参与政事。最后导致外戚专权，祸乱朝廷，落得身死族灭的下场。

长孙皇后的病情没有好转，她对太宗说："我生前没做过多少好事，死了以后不能害人，希望不要修高坟而浪费国家资财，只要因山为坟就行了，葬品不要用金银玉器，只用瓦木就行了。"并劝谏太宗，希望他"亲君子，远小人，纳忠谏，避谗言，省劳役，止游猎"。最后和太宗诀别："我死在九泉之下，没有什么遗憾，不要让儿女们前来，以免过于悲伤，我的心也不好受。"说着，取出吊在衣带上的毒药给太宗看："我早就打好主意，如果我在世时，陛下有什么不豫，我誓以死相从于地下，绝不能做吕后。"

贞观十年六月长孙皇后逝世，享年36岁。

长孙皇后逝世后，太宗按她的遗嘱，葬于昭陵。

长孙皇后留下一本谈论自古以来妇女得失的书《女则》，她死后，官司将《女则》呈上太宗。

太宗看后痛哭不已，将其给近臣看，说："皇后此书，足以垂范百世，我不是不知天命而无益的悲痛，只是进宫再也听不见规劝之言了，失掉了一位贤内助，所以不能忘记啊。"

按长孙皇后的建议，唐太宗恢复了房玄龄的相位。

唐代后妃，多有作诗者，长孙皇后开作诗先河，《全唐诗》收长孙皇后诗一首：

春游曲

上苑桃花朝日明，兰闺艳妾动春情。

井上新桃偷面色，檐边嫩柳学身轻。

花中来去看舞蝶，树上长短听啼莺。

林下何须远借问，出众风流旧有名。

长孙皇后诗中勾画出了上苑游春的图画，那鲜艳的桃花，那飘舞的柳条，那飞来飞去的彩蝶，那悠扬婉转的莺啼，构成了一幅明媚的春景图。再加上兰闺艳妾踏春而来组成了一幅完美的春游图，看上去使人心旷神怡，美不胜收。

长孙皇后死后，唐太宗犹如失去了一只胳膊。

在重男轻女的社会里，男人把妻子当作衣服。而长孙皇后却是唐太宗的手足。她与唐太宗同生死，共命运，她体恤唐太宗的其他子女，她保护唐太宗的忠贞大臣，她不以权谋私，不让外戚参政，她协助唐太宗创立了"贞观之治"，可惜她英年早逝，但作为皇后，她成了千古贤后，万世楷模。

另一个对唐太宗影响很大的女人是贤妃徐惠。

徐惠，从小聪明好学，4岁能口诵《论语》《毛诗》，8岁能写一手好文章，此后，"遍涉经史，手不释卷"。她比武则天小三岁，唐太宗喜欢她知书善文，封为才人。唐太宗特别欣赏她"挥翰立成，词华绮赡"的才学，很快进位为婕妤，再升为充容（九嫔之一，正二品）。

徐惠作为唐太宗的贤妃，很有政治头脑，关心国家大事，20岁的她于贞观二十二年向唐太宗上表进谏：

内容如下：

> 运有尽之农功，填无穷之巨浪，图未获之他众，丧已成之我军……昔秦皇吞并六国，反速危亡之基，晋武掩有三方，翻成覆败之业。岂非矜功恃大，弃德而轻邦，图利忘害，肆情而纵欲。是知地广非长安之术，人劳乃易乱之源也……
>
> 终以茅茨示约，犹兴木石之疲，和雇取人，不无烦扰之弊……
>
> 夫珍玩伎巧，乃丧国之斧斤；珠玉锦绣，实迷心之鸩毒……作法于俭，犹恐其奢；作法于奢，何以制后！

徐惠列数了近年来战争频发，"东有辽海之军，西有崑丘之役，士马疲于甲胄，舟车倦于转输"。劝太宗"减行役之烦，增堪露之惠"。作为年轻的后宫嫔妃，能忠诚直谏，真是难得，长孙皇后之后，太宗又得一贤内助。太宗非常赞成徐妃的见解，对她更加尊重。

徐惠妃不仅关心国政，而且善作诗文，《全唐诗》录其诗五首。

第一首是《拟小山篇》：

拟小山篇

仰幽岩而流盼，抚桂枝以凝思。

将千龄兮此遇，荃何为兮独往。

这首诗相传徐惠在8岁时，其父徐孝德要她拟《离骚》而作，其父大惊，知道瞒不住，于是这首诗流传开去，传到京城，太宗即召入宫。

第二首是《长门怨》：

长门怨

旧爱柏梁台，新宠昭阳殿。

守分辞方辇，含情泣团扇。

一朝歌舞荣，夙昔诗书贱。

颓恩诚已矣，覆水难重荐。

第三首是《秋风函谷应诏》：

秋风函谷应诏

秋风起函谷，劲气动河山。

偃松千岭上，杂雨二陵间。

低云愁广隰，落日惨重关。

此时飘紫气，应验真人还。

第四首是《赋得北方有佳人》：

赋得北方有佳人

由来称独立，本自号倾城。

柳叶眉间发，桃花脸上生。

> 腕摇金钏响，步转玉环鸣。
>
> 纤腰宜宝袜，红衫艳织成。
>
> 悬知一顾重，别觉舞腰轻。

第五首是《进太宗》：

> 进太宗
>
> 朝来临镜台，妆罢暂裴回。
>
> 千金始一笑，一招讵能来。

这首诗是徐妃在崇圣寺贤妃妆殿，太宗召妃，久不至，太宗发怒，徐妃进此诗。

以上五首诗，除第一首外，都表现了一些宫廷见闻。第二首表现宫女失宠的哀怨；第三首写函谷雄伟壮观，最后两句受道家思想影响，把紫气的出现和真人的回归连在一起；第四首描写一个美人的形象，抓住美女的特点：着力描写眉、脸、首饰、衣着、舞姿，勾画得栩栩如生，如闻如见。最后一首巧妙地回答了唐太宗，使太宗看到少女和她敬献的诗，会怒气顿消，转忧为喜。

徐惠妃不愧是一位具有政治家风度的才女。可惜年轻才女，只能相从于地下。

第三个对唐太宗影响很大的女人是武则天，武则天不仅影响了唐太宗，而且影响了整个唐王朝。

武则天，并州文水人。父亲武士彟，唐开国功臣。长孙皇后死后一年，即贞观十一年，太宗听说武士彟有个女儿长得漂亮，召进宫来，时年才14岁，临行时，母亲杨氏痛哭不已。武则天却兴高采烈，欢快地说："见天子是一种福分，为什么要哭？"她进宫后，得到太宗的宠幸，赐名武媚，封为才人。

武媚在宫中逐渐长大，表现出果敢的性格。

太宗有一匹烈马，无人能制服。武媚对太宗说："我能制服它。"

太宗问："用什么办法？"

武媚说："给我一把铁钩、一条皮鞭、一把匕首。我先用铁钩钩它，它不服，就用皮鞭抽它，它不服，就用匕首勒断它的脖子。"

唐太宗很赞赏她这种果断的性格。

也许是后来武则天做了皇帝，史家及小说家们均有很多带有神话色彩的描写：

贞观二十二年（公元648年），太白星白天多次出现。

史官占卜表明："女主当昌。"

民间秘传："唐三代后，女主武王代有天下。"

这话传到唐太宗耳朵里，非常担心。心中盘算，应在谁的身上呢？活该有人要倒霉，改名字有时候也要撞到枪口上，武卫将军李君羡，小名五娘，武安人，封武连县公，他的身上接连出现了四个"武"（五）字。

太宗怀疑，莫非应在此人身上，于是把他外调整任华州刺史，随后又指使御史告他图谋不轨而处死。

唐代隋夺天下，有姓李的也遭到无辜杀害，李君羡的脑袋掉了，还不知是怎么回事。正是疑贼不是贼，贼在半边行，如当年的李渊一样，武则天竟然安然无恙。

杀了李君羡，并没有解除唐太宗的忧虑。

据说他又密问太史李淳风："秘记所言是真是假？"

李淳风说："我夜观天象，推断历数表明，这个人已经在宫中了，不到三十年，将成为天下之主，陛下子孙，免不了被她所害。"

太宗大惊："如果真有此事，我要查遍宫中，只要有可疑之处，无论是与不是，一律杀掉，不留后患。"

李淳风说："这是上天注定的，人是不能够改变的。古人说得好，王者不死，如果妄杀无辜，会增加人们的怨恨。三十年以后，这人已经老了，或许能发点善心，祸患还不算深。现在无论如何不能杀他，你将他杀死，上天再生一个强壮人物，反结下更深的仇怨。那时陛下的子孙，恐怕都不能幸免。"

唐太宗叹息数声，不再提这件事，可是从此不再宠幸也有嫌疑的武则天。

武则天雄心万丈，却大才难展，百事拂意，她是不会认命的。武则天头脑冷静非常，抑郁不达之情，决不形诸声色。她平时还是一如既往地尽她的职责，小心侍奉皇上，一丝不苟。武则天对宴请朝廷命妇的各种礼节已是相当熟练，决不会出错。宴乐的组织也天衣无缝，武则天撰写的歌词古朴典雅，仿效诗经，配合宫廷乐曲，演唱起来酣畅淋漓。宫里的各种祭祀活动，她也了如指掌。而武则天的兴趣还是"听政"，这种对处理朝政的关注，已经成为她的一种癖好。在"听政"当中，武则天虽不能身体力行，但同样得到了磨炼。渐渐地，朝廷上例行的公事，武则天似乎很懂，对周围的情形，也很了然。

随着年岁渐老，唐太宗身体虚弱，武则天为了自己的前途再度寻找靠山，想到了太子李治。

武则天这时已不再是天真无瑕的少女，而是一位成熟的、城府很深的女人了。她看出太宗不喜欢她。她既不能得宠于太宗，就只有另谋出路，专注于太子。因为老皇帝千秋万岁之后，太子就会登基称帝，嗣承大统。

武则天打定了主意，她就刻意注意起这位新立的太子来。太子身材魁梧似太宗，面相却苍白，毫无太宗那种威风凛凛的帝王气象。他怯懦软弱，在太宗面前忠诚恭顺，服服帖帖，像一头恭顺的羔羊。从年龄上看，还刚成人。太子于是成了她的目标，她通过仔细观察和多方打听把太子的生活了解得清清楚楚：太子22岁，任性，多愁善感，喜爱美女，一见美色就心神颠倒。

而这时候，武则天找到了与太子接近的机会。太宗最后的岁月病得很厉害，太子李治常在侧伺候，而侍女们就肩负起伺候两主的职责。太子李治是一个耐不住寂寞的人，在太子宫里，有太子妃王氏及宫婢。迁到东宫陪驾后，他不免孤单寂寞。

太子寂寞无聊之际，发现在侍女中有一个美人犹如鹤立鸡群，她发髻高挽，两鬓宽展，前额宽丽透亮，下颌微微前展，既高贵美丽而又透着机敏。体态亭亭玉立，洋溢着一种青春的朝气。她就是刻意打扮的武则天。太子被武则天的美貌所吸引，更爱慕武则天身上散发的气息，他心猿意马，不能自持。

武则天依靠自己的美貌和机灵得到了太子李治的心，而唐太宗也因为病入膏肓而无暇顾及。

唐太宗没能及时制止武则天的野心，给李氏王朝带来了极大的灾难，致使长孙无忌、褚遂良等贞观重臣死于非命，高宗李治成了一个傀儡，最后改唐朝为周朝，杀害了成百上千的李氏宗族和元老重臣。然而，这对中国社会却是一种幸运。武则天继承了贞观大业，把国家治理好了，为大唐盛世延续一百多年做出了巨大贡献，上承太宗大业，下启玄宗盛世，是唐代著名的政治家，是中华帝国历史上唯一的女皇帝，也是中国历史上著名的政治家。李唐王朝的憾事却成了中华帝国的幸事。武则天统治中国近半个世纪，推动了中国社会继续向前发展，同唐太宗、唐玄宗一样为中华民族立下了不朽功勋。

第三节　废立太子

在封建王朝，太子被称为"国本"，每一位皇帝对立太子的问题总是非常小心，可谓慎之又慎。因为一旦出现失误，将会造成难以预测的祸患，甚至有导致亡国的可能。唐太宗李世民为了能使大唐江山延续下去，对以后的接班人在选择上是慎之又慎，确实费了不少心血。

唐太宗即位之初，就立8岁的承乾为太子。李承乾是唐太宗的嫡长子，武德二年（公元619年）生于承乾殿而得名。幼年的承乾聪明敏惠，很得唐太宗的喜爱。太宗对他充满了期望，选派德高望重的李纲为太子少师，教之以儒家君臣父子之道。承乾也是虚心接受师教，每次听讲时都能恭谨守礼，唐太宗也很是满意。

为了进一步培养承乾的办事能力，唐太宗在承乾年长一些后，又下诏令他听断庶政。承乾果然不负所望，处断国家大事时也"颇识大体"。因此，唐太宗每次行幸离京时，都会让承乾居守监国，处理日常政务。

可是，世事难料。太子承乾年龄稍长之后，渐渐地染上了诸多恶习，常常在外面拈花惹草，漫游无度。不仅如此，他还学会了欺骗唐太宗。在太宗面前他总是张口闭口什么忠孝之道，仁义爱民，太宗也一时被他的花言巧语所蒙蔽住了，难以察觉承乾的真相。承乾对朝廷的贤臣也是百般嘲弄，视其为玩偶。

后来，唐太宗对承乾的种种劣迹有所了警觉，可是仍没有放弃对他的期望，仍是继续对他进行培养教育。在太子少师李纲去世后，太宗又选用于志宁、李百药等人共同辅导太子承乾。唐太宗还特别嘱咐这些人说："太子生长深宫，百姓艰难，耳目所未涉，能不骄逸乎？卿等不可不极谏！"

尽管如此，唐太宗的这番苦心还是白费了，太子承乾仍是不肯悔改，把老师的教诲当作耳边风，我行我素，不思进取，最终使得各位受命辅导的大臣皆拂袖而去。后来，承乾患上了足病，一时不能朝谒，一些宵小之徒便乘机接近承乾，引诱其进一步误入歧途。当太宗知道这件事后，渐渐地对承乾失去了信心，父子之间的关系也由此疏远开来。

正在承乾在政治上失宠的时候，魏王李泰却得到了太宗的异常宠爱。李泰年少时就以才学盛名，为人聪明绝伦，且相貌俊美，一直深受太宗的偏爱，贞观十年（公元636年）太宗又受封其为魏王。现在太子承乾辜负了太宗的一片厚望，太宗渐渐地生了废立之心，准备以李泰将太子承乾取而代之，太宗为此还专门给李泰制造了一些有利条件。

比如：唐太宗先是以李泰喜好文学，又能礼贤下士，特命其于魏王府别置文学馆，让其可以自行招引学士。虽然此举跟当年唐高祖武德年间秦王府设文学馆的故事很相像，但太宗的一片良苦用心，意义却是极为深远，这无疑为魏王李泰成功地替代承乾加了砝码。难怪后代学者评论此事时称"为（李）泰立东宫张本"，真可谓一针见血，入木三分。

李泰自从有了文学馆后，他延请了许多文人学士，其中有一名叫司马苏勖的人出面劝李泰仿效古代贤王，请宾客著书。于是李泰奏请父皇之后，便派肖德言、顾胤、蒋亚卿、谢偃等人撰著《括地志》。该书于贞观十五年（公元641年）完成，太宗诏令付秘阁，赞赏魏王及肖德言等人有功，赏赐千两黄金，然后每月又赏魏王府"料物"，其所得要比太子府的还多，这足以显示出太宗对魏王李泰的一片关爱。

李泰腰腹肥大、行动不便，太宗为了方便和李泰见面，就把李泰移居皇宫中的武德殿，甚至特许他乘小舆至朝所。所有这一切都表明了唐太宗更换太子的决心，看来魏王李泰登上太子宝座的日子简直是指日可待了。

可是，太宗更换太子的主意遭到了朝廷重臣的强烈反对。由于李泰恃宠骄纵，常常不把朝中大臣放在眼里，对于太宗过于谄媚，朝中大臣早有反感。魏徵向太宗进谏道："自周朝以来，皆子孙相继，不立兄弟，所以绝庶孽之窥觎，塞祸乱之源本。此为国者所深戒也。"

朝中大臣褚遂良也劝道："有国家必有嫡庶，然庶子虽爱，不得超越嫡子，正体特须尊崇。如不能明立定分，遂使当亲者疏，当尊者卑，则佞巧之徒承机而动，私恩害公，惑至乱国。"

一次唐太宗问侍臣："当今国家何事最急？"褚遂良立刻站起身来，回答说："即日四方仰德，不敢为非，但太子、诸王须有定分，陛下宜为万代法，以遗子孙，此最当今日之急。"

在重臣们的坚决反对之下，唐太宗表面上接受他们的进谏，但还是请名臣魏徵任太子太师，并一再向群臣表示："方今群臣，忠直无逾魏徵，我遣傅太子，用绝天下疑。"可见太宗选用强烈反对废嗣态度的魏徵为太师，其用意明显是想打消大臣们在废立太子问题上的疑虑。

面对父皇唐太宗态度的转变，魏王李泰及其党羽们也感到了空前的紧张。他们一方面散布流言，称太子承乾有足疾，魏王李泰将取而代之；另一方面又大力培植私党，发展自己的势力，准备伺机夺权。

太子承乾在听到唐太宗明确立嫡长的消息后，与其党羽乘机发动了攻势。为了铲除魏王势力，承乾集团制订了一整套暗杀计划，派刺客纥干承基谋杀李泰，但是未遂人愿，阴谋没有得逞。承乾一计不成，又生一计，他准备发动宫廷政变，迫使唐太宗放弃废立太子，并逼其退位。

为了发动政变，承乾广结私党，培植自己的势力。左屯卫中郎将李安俨，扬州刺史、开化公赵节，驸马都尉杜荷纷纷投到他的麾下，成为其心腹亲信。此时，太宗的弟弟汉王元昌也很快与承乾结为友好。原来李元昌因多有不法行为，常常受到太宗斥责，怀恨在心的他，便想助承乾一臂之力，对太宗进行报复。朝中的大臣们虽然反对废立太子，但是对太子承乾的所作所为也很是失望。当然也有例外的，吏部尚书侯君集，因征伐高昌私取战利品，被人告发下狱而对太宗深感不满。出狱后，侯君集侍命女婿、宫廷宿卫贺兰与承乾暗中往来，并亲自与太子承乾密谈，表示愿意为他谋反效犬马之劳。

在党羽的唆使之下，承乾加速了谋反的步伐。于贞观十七年（公元643年）三月，承乾集团策划出了一套颇为具体的谋反方案。当天晚上，凡是同谋者全都以刀割臂，以帛拭血，烧灰和酒饮下，发誓同生共死，准备引兵攻打唐太宗居住的西宫。为了坚定承乾的信心，驸马都尉杜荷还说道："天文有变，当速发以应之。殿下但称暴疾危笃，主上必定会亲临探望，可以乘此机会得志！"

就在承乾集团准备发动政变的时候，齐王李祐（太宗第五子）在齐明反叛。承乾大喜，对纥干承基说："我宫西墙，去大内正可二十步耳。与卿为大事，岂比齐王乎？"然而，齐王之乱很快地被平定了下来。朝廷在审理此案时，株连纥干承基。承基在受审时，一同供出了承乾谋反的事情。颇为震惊的太宗立即命长孙无忌、房玄龄等组成专门机构审查，查得的结果是"反形已具"。面对承乾的逆行，太宗伤心以至愤怒之极，本想处死承乾，后听从通事舍人来济之言，将其废为庶人，徒放黔州。其他参与谋反人员也均没落得好处。汉王元昌赐死，侯君集以下皆斩首，承乾之乱最终以失败告终。

太子承乾被废，魏王李泰以为太子之位非他莫属，便天天入宫侍奉太宗，同时暗中派大臣在太宗面前为自己美言。可是，朝中两位最有权势的大臣长孙无忌、褚遂良仍是坚决反对立李泰为太子，他们支持立晋王李治为太子，认为李治比起李泰来要"仁孝"许多。俗话讲："自古嫡庶无良佐，何尝不倾败家国。"尽管唐太宗并不太喜爱李治，可是他不能不考虑到君臣共治天下的重要性，唐太宗再次陷入矛盾之中。他内心倾向于立魏王李泰，但又不得不认真考虑长孙无忌等重臣的意见。李泰虽有才学，但得不到朝廷元老大臣的支持，"贞观之治"的政策显然难以继续推行。要想把"贞观之治"发扬光大，新一朝的君主就必须有长孙无忌等人的支持。鉴于此，唐太宗终于下定决心，于贞观十七年四月，下诏立晋王李治为太子，同时，大赦天下。

贞观二十三年，当唐太宗病死时，遗诏以长孙无忌、褚遂良为辅政大臣，帮助李治共同治理国家，继续推行贞观政策。最后，他也果真如愿以偿，李治在这些大臣的辅佐下，使得国家稳步发展，最终形成了永徽初年的继续繁荣，史称"永徽之治"，与"贞观之治"可以相提并论。

著名史学家司马光在《资治通鉴》中提到："唐太宗不以天下大器私其所爱，以杜祸乱之源，可谓能远谋矣！"从历史发展的客观情况来看，司马光这一评价无疑是正确的，正是由于唐太宗选择了正确的继承人，才最终保证了"贞观之治"的延续。

第四节　重道求仙

唐太宗的前半生凭着强健的身体戎马倥偬，凭文治武功建立了大唐帝国。随着年岁的增长，身体状况大不如前。特别是征高丽失败、太子承乾谋逆被废后，唐太宗在心理上受到了沉重的创伤。生理和心理两方面的压力，使一代明君不堪重荷，唐太宗转而信道，继而求仙，身体日渐衰弱。

唐太宗出身北方贵族世家，一生戎马生涯，从战场崛起，从死人堆里走出。年轻的唐太宗，身材魁梧、相貌堂堂，虽然处在人们相信迷信的时代，但他却是一个不信鬼神的人。

唐太宗自18岁在雁门解围中初露头角，在晋阳起兵后东征西讨，出生入死，弓箭不离身，他所发射的箭，要比别人的箭大一倍，命中率高，威力能射穿门阖。由于身强力壮、武艺高强，心理十分稳定，更兼与贤妻长孙氏结为伉俪，夫唱妇随，恩爱异常。在进军长安过程中，势如破竹，很快占领了长安。后被封为秦王，这时的唐太宗，一心建功立业，统一华夏，在战争进程中，天下英雄望风归顺，薛举、薛仁杲、王世充、窦建德、刘黑闼先后败在他的手下。这时的唐太宗心理健康，蓬勃向上。

平定天下后，斗争转入了内部，虽然有时某些方面处于劣势，但就总体而言，秦王功盖天下，内外归心，更兼谋臣猛将以死相报，他的雄才大略和人心所向相结合，终于战胜了李建成、李元吉，取得了帝位。这时的唐太宗，虽有肉骨相残、不得已而为之的遗憾，但心理还是很健康的。唐太宗用包藏宇宙的博大胸怀，赦免并重用了太子党魏徵、王郭等能人，并毫不犹豫地委以重任。真正做到疑人不用，用人不疑。魏徵辅佐太宗17年，共提重大建议200多条，大多数被采纳，王珪也提了很多宝贵意见，也被采纳。贞观初年，是唐太宗心情最好的时期，由于采纳了魏徵等大臣的建议，君臣励精图治。贞观三年，斗米数钱。贞观四年，断狱死罪全国仅29人，天下大治，人民安宁。李靖、李勣先后战胜突厥，解除了来自北方的威胁，创立了前所未有的丰功伟绩，也是太宗高兴的大事。

为了文治不忘武功，居安思危，打猎既是唐太宗一项体育活动，也是一项军事演习。为了不违农时，唐太宗把田猎活动选择在十月、十一月、十二月。

唐太宗有高超的打猎技术和骑马射箭的技术。武德七年，李建成、唐太宗陪高祖李渊打猎，李建成要想趁机害死唐太宗，用一匹看似强壮而有蹶的毛病的马给唐太宗骑，蹶马多次把唐太宗掀下马来，凭着高超的技术，他丝毫无损。贞观十一年十月，唐太宗在洛阳围猎连射4头野猪，其中有一头野猪向唐太宗扑来，在旁的唐俭翻身下马与野猪搏斗，太宗从容拔剑杀死野猪。

随着年岁的增大和功业的增加，唐太宗由于情绪的消沉与健康状况的恶化，逐渐减少了活动，贞观前16年多次外出围猎，精神焕发，骑射娴熟。从贞观十七年开始后的7年中，仅出猎1次。

贞观十年，太宗39岁，长孙皇后英年早逝，给了他第一次打击。更主要的是承乾不争气，尽管他遍寻名师，企图造就和自己一样的一代明君，但太宗空用千般力，水火无功难驯服，最后承乾走上政变谋反的道路。这次对太宗的打击实在太大了，心理状态开始转变，甚至有自杀的念头和行动，得房玄龄、长孙无忌等劝阻才免于一死。再加上魏王李泰又被废黜，对他心理上打击更大。

立李治为太子后，唐太宗发觉李治非立业之主，又想改立李恪为太子，被长孙无忌所阻挡，心里非常矛盾。这时候，他一方面近于女色，有年仅20岁的武媚娘，还有年仅17岁的徐惠等美人，他的身体更加虚弱；另一方面唐太宗开始服药，想用药物来使自己的身体好转。

唐太宗统一九州，万方臣服，唯有高丽尚蠢蠢欲动。唐太宗听说高丽盖苏文弑君篡权，勃然大怒，悍然兴兵前去讨伐。这时尽管大臣们纷纷上书劝谏，这场战争没有什么意义，但唐太宗不像当年那样从谏如流，这和他的生理健康下降有关，也与他的心理健康下降有关。

在高丽战场上的表现非励精图治的唐太宗所为。由于固执己见，唐太宗无功而返，几乎把几十万唐军丢在东北大地上。这次失败，对唐太宗的健康来说更是雪上加霜，造成了他的终生遗憾。唐太宗的身体状况越来越差，心情也越来越坏，在返国途中，竟听谗言，轻率地斩了辅佐太子的大臣刘洎。

回到长安后，唐太宗的心情更加郁闷，他本想通过一次胜仗，排解自己的苦闷，再展年轻时驰骋疆场的雄风，哪晓得事与愿违。由于战败的压力，再加上心理的不宁，各种疾病同时发作，痢疾、胃病、感冒、风疾折磨着唐太宗，更加重了他的烦躁不安。各种药物，皆不见效，一个想法在这种情况下产生了：寻找神仙的灵丹妙药，使自己起死回生，长生不老。

当时的灵丹妙药，就是寻求方士，方士就是炼丹的道士。道学是春秋战国时期的一种哲学流派，代表人物有老子、庄周，他们主张无为复古，对人们的苦闷起安慰的作用，和儒家的积极入世的思想互为补充。

唐太宗对道教的清虚、无为采用择善而从的态度。

贞观元年，他对下属们说："神仙传说本来就是虚无缥缈的，秦始皇要想长生，受方士的欺骗，派童男童女数千人随徐福求不死药，方士为了逃避秦的暴政，去了就没有回来，秦始皇还在海边等待，回到沙丘而死。汉武帝求仙，将女儿嫁给道术者，因无效验，把道术者杀了。由此观之，神仙不是可以求的。"

太宗年轻时虽然允许道教的存在，并加以利用，但是对神仙方士是不相信的。此时由于心理健康的下降，太宗在无可奈何中又想起了神仙方士。

贞观二十年（公元646年）年底，太宗开始寻找方士，希望他们的丹药能收到奇效，就在这时开始服用"太上老君"八卦炉中炼出的"仙丹"。

贞观二十一年（公元647年）正月，高士廉去世，因高士廉是长孙皇后的舅父，又是开国元勋，太宗决定亲自吊丧，到了路上，长孙无忌挡住，说服了丹药不能进病、孝二家。只有所谓"神仙"道士才有这样的忌讳。

尽管太宗服了道士的丹药，病情却不见好转，不但不好转，由于矿物慢性中毒，病情加重。国内的方士不行，就寻找外国的方士。

贞观二十二年（公元648年），太宗派王玄策为唐使、蒋师仁为副使，出使天竺。

当时天竺分为东、西、南、北、中五大区，崇尚佛教。贞观二十二年，天竺国王师尸罗逸多去世，国内大乱，大臣阿罗那顺自立为主。王玄策、蒋师仁刚进入天竺边境，遭到天竺兵袭击，随从全部战死。王玄策、蒋师仁逃到吐蕃。吐蕃派兵千人，泥婆罗派兵七千人出兵天竺，激战三月，杀死天竺兵三千人，天竺兵大半溺江而死。阿罗那顺逃往东天竺，整兵再战，中了蒋师仁的埋伏，被活捉了。天竺兵多半投降，阿罗那顺的妻子手下尚有数万人，又被蒋仁师打败而活捉，远近城邑，望风投降，共得580处，东天竺国也送牛马三万头犒师。王玄策、蒋师仁退军，将阿罗那顺等押送长安。太宗封王玄策为朝散大夫，赦阿罗那顺死罪。

阿罗那顺手下有一随从，庞眉皓首，鹤发童颜，太宗问他的名字，他说自己名叫逻迩婆婆寐，已经两百多岁了。太宗因被疾病所困，服本国方士丹药无效，好像看到一线希望，问他究竟用什么法术能够使自己长寿。此人见有机可乘，编造谎言说："我一向信奉道教，得教主老子真传，炼丹服药，所以长生。"道教从未传入天竺，此人是借太宗尊老子为皇祖，所以编此谎言，太宗却信以为真，给以很高的礼遇，命令各州县采奇药异石炼丹给自己服用。经过近一年的烧炼，终于炼成，太宗服下，中毒暴亡。

太宗初年，他一再嗤笑秦始皇求神仙，追求长生的荒唐。他说："神仙传说本来就是虚无缥缈的事，空有其名，秦始皇存非分之想，所以被方士所欺骗。"

贞观五年（公元631年），他认为迷信是荒诞不经的事，不能爱好。

贞观十一年（公元637年）下诏说："生是天下的大德，寿命的长短是有规律的，人生七尺之形，寿以百年为恨，含灵禀气，莫不同焉，得之于自然，不可分外企求，即使有回天转日之力，用尽神之智，生必有终，皆不能免。"

而晚年他却不能逃脱企求长生的怪圈。如果他心理状态好一些，多修身养性，不听信道士的诳言，不至于暴病早逝。

贞观二十三年（公元649年）五月，一代明君李世民带着不世之功和深深的遗憾撒手西归，享年52岁，在位23年。

唐太宗留给他的继承者一笔庞大的遗产：合理和高效能的行政机构，繁荣的经济及广大的国土。虽然高丽的失败给他留下了阴影，但在一定程度上全国出现了自汉朝全盛时期以来所没有的兴旺景象，开创了一个充满安定繁荣的局面。